JN022756

sapientia
サピエンティア **75**

共同の未来

L'Avenir en commun : le programme pour l'Union populaire

〈民衆連合〉のためのプログラム

ジャン゠リュック・メランション [著]

松葉祥一 [監訳]

飛幡祐規／ジャック゠マリ・ビノー／堀晋也 [訳]

法政大学出版局

Jean-Luc MÉLENCHON

L'AVENIR EN COMMUN
Le Programme pour l'Union populaire présenté par Jean-Luc Mélenchon

日本の読者へのメッセージ

　東京とパリは 15,000 キロ近く離れている。しかし両国を隔てているのは物理的な距離だけではない。言語や文字をはじめ文化の壁も多い。一見したところこれらは互いの関心や交流をはばむ手強い障害である。それにもかかわらず、ある日私は「服従しないフランス」の政治プログラム『共同の未来』が日本語に訳されたことを知らされた。そして序文を書くよう頼まれた。私は仰天した！　どうして日本の読者がフランスの政治プログラムに興味をもつのだろう。そのとき思い出した。私たちの生活の中に日本があるように、日本の生活の中にもフランスがある。私たちはいまや高度に結びついた同じ人類のなかで、きわめて密接につながっているのだ。

　それに日本は、近年の私の個人的な政治参加の道程とも無縁ではない。あの 2011 年 3 月 11 日、私たちの目は皆さんの国に釘付けになり、私たちの心は皆さんの心と共にあった。1986 年のチェルノブイリの衝撃によって、私の中では自国の原子力産業に対する盲目的な信頼はすでに崩れていた。フクシマの悲劇によって、私は原発から撤退する緊急の必要性を確信した。それ以来、私は多くの日本の反核活動家と出会い、意見を交換し、つながりを築き、お互いの状況や戦略を比較してきた。震災から 7 年後の 2018 年、事故勃発当時首相だった菅直人さんとの特別な昼食を思い出す。彼は、その恐怖の体験から、私と同じように脱原発を求める活動家になってい

た。その際彼は、このような惨禍の中で決断を下すことが、1時間ごと1分ごとにどのような意味をもつかを詳細に語ってくれた。不意に強い感情にとらわれた。2020年にICAN（核兵器廃絶国際キャンペーン）の代表団と会った際のヒロシマの被爆生存者、サーロー節子さんの面影がよみがえったのだ。最後に、わずか数カ月前、パリのレストランで、「日本のマルクス主義のスター」という奇妙な口上で紹介された青年とテーブルについたことを思い出す。齋藤幸平さんは、私が共同会長を務める知的財団ラ・ボエシー協会[1]の招きで来仏した。彼は、『共同の未来』が自分にとってどれほど希望の源であるかを語ってくれた。人類が現在直面している課題、つまり人類を完全に包んでいる自然のシステムとの調和を中心に据えた、民衆の集団的プログラムという夢の実現だ、と。

　そう、つまるところ、私と日本や日本の民衆との政治的つながりは数多い。それに何よりもまずグローバルな生態系の危機がある。何世紀もの間、政治的ヒューマニズムの先人たちは、人間の平等という理念、ひいては公益の存在という理念を認めさせるために、懸命にたたかい、書き、論じてきた。何世紀もの間、権力者や既成秩序の番犬たちの傲慢な返答は次のようなものだった。「平等など存在しない！　自然を見たまえ。自然は、背の高い者と低い者、太っ

---

〔1〕ラ・ボエシー協会（Institut La Boétie）：2019年10月21日にベルナール・ピニュロルによって設立されたフランスのシンクタンク。「服従しないフランス」に属し、現在はジャン゠リュック・メランションとクレマンス・ゲテが共同会長を務めている。7つの部門から構成され、テーマ別のノートを発行し、会議、講座、理論的な学習コースや実践的なワークショップを提供している。活動家養成学校も併設されている。

た者と痩せた者、頭のいい者と悪い者」そして最後に「主人と奴隷、男と女を生み出しているじゃないか」。そこから導き出される結論はいつでも同じだった。あらゆる平等政策は、自然そのものに反して押しつけられることになるので、必然的に暴力になる、と。私たちの側はこれに対して、果敢に平等の炎をかき立て続けた。しかし、これからこの議論は、次のような超えがたい物質的考察によって締めくくられることになる。すなわち、人間の生活に適した生態系はひとつであり、ふたつはないのである。したがって、人間の公益が確かに存在する。つまり、それなくしては私たちの生存が不可能なこの生態系を維持するという公益である。そしてそこには、すべての人間の生存条件の基本的平等がある。だから私は、滑稽に聞こえることを恐れずに、「人類民衆」[2]について語ることができる。そう、人類民衆は存在する。そう、人類民衆は地球という財産を共有している。だから、日本語の『共同の未来』もいいじゃないか。結局のところ、このプログラムはフランスにとっての「すぐに使える政策」を描いているのだから、同様の考え方を定式化するために世界中で役立つだろう。このプログラムがいくつかの言語に訳され、地球の端から端まで議論されることは、エコロジー的で集団主義的な新しい普遍主義の誕生に参与することであり、私たち「服従しないフランス」の誇りである。

　このプログラムには何が書かれているのか。何よりもまず、資本主義との決別が不可欠である。私たちの提案を通じて具体化されな

---

〔2〕人類民衆（peuple humain）：生態系によって結ばれた人類を指す新たな概念。Cf. Jean-Luc Mélenchon, *Députés du peuple humain*, Robert Laffont, 2021.

ければならないこのラディカルなアプローチなしには、現在の危機を解決するためのいかなる真剣な戦略も不可能である。「グリーン資本主義」など存在しないのだ。そしてこの表現のなかでの問題は色ではない！　資本と地球のバランスとの根本的な両立不可能性が、資本の働きの核心にある。資本とは何か。それはサイクルであり、したがってリズムである。一定額の貨幣を商品に、次に利潤に変え、そして最初から繰り返すためにまた商品に変えるというサイクルである。資本家には、自分だけが生き残るために、この全体のリズムを加速させる傾向がある。これは、生物や自然がもっている他のすべてのリズムと真っ向からぶつかる。そのため、気候は狂い、淡水は枯渇し、ひよこは押しつぶされ[3]、森林は伐採される。それは人間に元々備わっていた欠陥のせいではない。始まりがあり、終わりが来るシステムの論理的帰結なのである。『共同の未来』は、資本主義を打倒するための移行プログラムである。秩序正しく、平和的に、そして何よりも最悪の事態の回避に間に合うように！　〔資本と生態系の〕時間の不一致に対抗するために、『共同の未来』はグリーン・ルールを提案する。すなわち、生態系から、生態系が一定期間内に回復できる以上のものをけっして奪ってはならないというルールである。言いかえれば、私たちが目指しているのは調和である。それは形而上学的、あるいはたんに詩的な概念として定義されるものではなく、生産、人間、自然という異なるサイクルのリズムの調和である。21世紀に反資本主義者としてふるまうことは、時間の集団的なコントロールを取り戻すことを意味する。それこそ、私た

---

〔3〕本書76頁を参照。

ちがエコロジカル行動計画（プラニフィカシオン）について語る理由である。この表現は、わが国ではかなり定着してきた。当初はソ連のイデオロギーへの回帰だと揶揄されたこの用語〔計画経済と同じ語〕は、前回の大統領選挙戦でエマニュエル・マクロンに取り込まれた。彼はそれを歪んだ形に変え、体制を転覆させる本質を取り除いてしまったが、同時にその概念が有効だと認めたわけである。私たちの行動計画は、たんなる技術官僚（テクノクラート）による予測的管理とは異なる。それは、生産者、消費者、教育者の調子を合わせ、原材料、エネルギー源、回収・リサイクル過程の選択を調整する、社会的オーケストラを指揮することである。このようによく考えられた体系的な方法で、すべてを問い直すことなのである。

　この短い要約からわかるように、このようなプログラムは、権力の手綱を握っている金融寡頭制と対決することなしには実行できない。それは、息も絶え絶えの社会民主主義がいまだに提案しているような、旧態依然とした妥協のプログラムではない。生産至上主義によって増大し続ける富を再分配することで不平等を是正するのではない。私たちの視点の存在意義は、生態系の危機に対応するために必要な目標と、資本の目標とのあいだの根本的な矛盾にある。したがって私たちが提案しているのは、過去の政策と決別するためのプログラムなのである。それを最後まで実現するためには、人々を根底から動かす必要がある。私たちはこれを市民革命と呼んでいる。文化的には、不服従の精神を非常に広く普及させる必要がある。「自明の理」として体制が押し付ける考えを受け入れないという個人的態度と、抵抗の集団的動員、そしてあらゆる正義なき秩序の拒否である。『共同の未来』は最も広範な大衆活動を生み出す。『共同

の未来』には、制度の民主化に関する一連の規定が盛り込まれており、可能な限り多くのケースで国民投票による参政権の行使を奨励している。この戦略の要は、憲法制定議会の招集である。私の考えでは、このような活動は議会手続き以上のものであり、それを通じて国民は政治的民衆として自らを確立する。それは、共有された普遍的な権利の存在を認めることによって実現する。政治的権利だけでなく、社会的権利もある。公共サービス、社会保障、労働集団の民主化は、私たちが築くべきエコロジカルで集団主義的な新しい世界の核心である。同様に、『共同の未来』は、中絶の権利[4]、ジェンダー変更の自由、尊厳死の権利を確立することで、個人の自由の領域を広げることを提案している。言いかえれば、人間的尊厳の不可侵の基本原理として、人間の自己構築を認めるということである。新たな民主主義、生活手段への平等なアクセス、個人の自由、つまり現代人が抱いている管理への欲求は、すべて同じ源泉から湧き出している。自分自身を管理し、自分たちが生み出す富を管理し、自分たちの欲求を満たす方法を管理することである。不服従であることは「ノン」と言うことであり、「ウィ」と言うための第一歩であると、私の国の哲学者アルベール・カミュ[5]がわれわれに教えてくれている。自主管理は、不服従の「ノン」の後にくる「ウィ」なのだ。

---

〔4〕2024年3月4日、フランスの上下両院はヴェルサイユ宮殿で合同会議を開き、女性が人工妊娠中絶を行う「自由」を憲法に明記することを賛成多数で可決した。中絶の権利を憲法に明記するのは世界で初めて。

〔5〕Albert Camus (1913–1960)：フランスでは小説家、劇作家としてだけでなく哲学者としても知られ、『シーシュポスの神話』(1942)や『反抗的人間』(1951)はバカロレアの「哲学」の必読書にあげられることが多い。

フランスで800万票近くを獲得した政治プログラムの日本語への翻訳は、国際主義の伝統を再構築する最善の方法ではないだろうか。私たちはそれをとても必要としている。私たちは世界規模の出来事の中で生きているのであり、どの大洋に接しているかにかかわらず、それらの出来事に私たちの利害や関心と感情は大きく関わっているのである。そして何よりも、再び前景にあらわれている戦争と平和の問題についてお話ししたい。全面戦争のリスクがそこにある。それは、衰退する資本主義大国と台頭する強国との間の緊張と、この状況によって引き起こされる帝国主義どうしの矛盾から生じている。この危険な雰囲気が、ロシアのウクライナ侵攻によって、すでに私たちの大陸の平和を壊した。この雰囲気はまた、皆さんの国の海岸からそう遠くない東シナ海でも、その脅威を高めている。私たちは平和陣営である。そしてこのプログラムの目的は、フランスを民衆と民衆のあいだの平和の代弁者とし、国際法と国連を擁護する代弁者とし、外交的解決策を模索する代弁者とすることでもある。国際法は、戦争犯罪に直面する私たちにとって最も効果的かつ合法的な支えである。ネタニヤフ首相の極右ジェノサイド政権に反対する私たちは、このことを実感している。ガザ地区のパレスチナ市民に対する彼の恐るべき行為は、戦争犯罪だと認定され、処罰されうる。万人が望む権利と法を主張することは、強者の権利に対して人間の尊厳という権利を対置することである。ユーラシア大陸の西から東アジアまで、私たちがガザ住民の窮状に強い懸念を抱いているのは、私たちのあいだに共通の現実があるからである。私たちが移住し、接触し、私たちの作品、私たちの料理、私たちの愛が交換・共有され、行き渡るにつれて、私たちはまったく新しい、前例のない文化

をともに生み出している。私はこのプロセスを、フランス領アンティルの詩人エドゥアール・グリッサン[6]の言葉からクレオール化と呼んでいる。クレオール化は、最も悲惨で、最も恐ろしく、最も暗い状況においても進行する。実際、この語は、大西洋三角貿易というもうひとつの人道に対する罪の犠牲となった奴隷たち、そのなかで進行した文化プロセスを説明するために作られた語である。この文化プロセスは、私たちの中にあってけっして消滅することのない〈人間〉の一部なのである。私たちは社会的で文化的な存在なのだから。私たちはつねに自分たちのあり方を共に創り出している。私たちの政治的プログラムはこの考えを全身で受け止め、具体的で直接的な目標としたものである。

2024 年 3 月 9 日

ジャン゠リュック・メランション

---

[6] エドゥアール・グリッサン（Édouard Glissant, 1928–2011）：フランス領マルティニーク出身の作家、詩人、文芸評論家。彼が打ち出したクレオール化とは、狭義には言語学でピジン言語がクレオール言語に変化していく過程を指すが、そこから言語、文化などの社会的要素が混交する現象を言う。『全－世界論』恒川邦夫訳、みすず書房、2000 年。

共同の未来──〈民衆連合〉のためのプログラム　目次

自然のシステムに合わせます

よく生きるために力を合わせます

6. 税制革命を起こします
7. 相互扶助社会をつくります——社会的・連帯的・協同的経済を一般化します
8. 貧困を撲滅します
9. 若者の自立を築きます
10. 居住の権利を保証します

人と社会を人間的なものにします

第9章：平等

1. 男女平等を実現します
2. 自由と個人の解放の新たな進展を確立します
3. 人種差別やさまざまな差別を拒む普遍主義的な共和国
4. 自立の難しい人々に社会全体で向きあいます
5. 障がいがある人々の自立を妨げるものを取り除きます

第10章：解放

1. 芸術と文化における路線変更——人類の進歩という公的な役割のために
2. 科学大国であり続けます
3. カネから解放されたスポーツと身体

第11章：教育と研修・職業訓練

1. 識字教育を広げ、非識字を撲滅します
2. 乳幼児期の子どものための公共サービスを創設します
3. すべての子ども・若者の平等と解放のためにグローバルな学校を再構築します
4. すべての人に資格を与える教育・職業訓練システムをつくります
5. 高等教育を再構築します
6. 若者が公益と国家の安全に奉仕する期間

世界秩序を立て直します

凡例

1. 本書は、Jean-Luc Mélenchon, *L'Avenir en commun : le programme pour l'Union populaire présenté par Jean-Luc Mélenchon*, Éditions du Seuil, 2021 の全訳である。

2. 「日本の読者へのメッセージ」は、本訳書のために特に原著者が書き下ろしたものである。

3. 原書に使用されているマークや参照の指示を以下のように記す。

   « Mesure Clé » は、本訳書では「▼鍵となる施策」とする。

   « À Savoir » は、本訳書では *1 のように番号を付け、各頁の下部に記載する。これは各章で示される施策の内容に関連してフランスでの世論調査の結果などを原書が補足説明しているもので、原注と別のものである。

4. 原注は（原注）とし、訳注は〔　〕に番号を付ける。原注は脚注とし、訳注は各章末にまとめる。ただし「日本の読者へのメッセージ」と原書の序文にあたる「共同の未来──世界観としての人と人の調和、人と自然の調和」の訳注は脚注とした。

5. 訳者による補足等は、〔　〕で括った。

6. 原文のギュメ « » は鉤括弧「　」で示した。

7. 原文の太字やイタリックでの強調は、本訳書では太字やゴシック体や傍点などで強調する。書名の場合は『　』とする。

8. 引用などで既訳があるものについては参照する。ただし、必要に応じて訳文に変更を加えた場合もある。

9. 訳注での情報の記載は為替レートの換算なども含めて、翻訳原稿作成時の 2024 年 2 月時点のものである。

共同の未来

世界観としての人と人の調和、人と自然の調和

序文：ジャン＝リュック・メランション

　このプログラム〔政策綱領〕「共同の未来」は、具体的な施策のまとめ以上のものであり、とりわけ未来に向けた世界観を示しています。それは、世界がこのような生態系（エコロジカル）の変化、社会的な破壊、不可逆的な変異、全面的な不確実性の時代に入った現代において、根本的に求められていることです。いくつかの公約しか掲げずに大統領に立候補する候補者たちは、それがどれほど魅力的なものであろうと、この求めに応えられていません。**したがって私は、私たちの計画を要約することが私の義務だと思います。すなわち、人と人の調和および人と自然の調和をめざす、相互扶助の社会を築くことです。**これが、あらゆる状況において、非常に先が見通しにくい状況においても、めざされる目標になるでしょう。

　私は、これからみなさんがご覧になるプログラムを実現するための候補者となった今、私を突き動かしている哲学をここにまとめました。当選すれば、私は妥協することなくこのプログラムの実現をめざします。というのも現代の金融化された資本主義が、人類の文

明史上前代未聞の社会的暴力と自然の破壊を引き起こしているから
です。金融資本主義は、パンデミックを含めあらゆる状況において
貯えを大幅に増やすことができます。現時点で、なんと 26 人が、
世界の総人口の〔貧しい方から数えた〕半数の人がもつ資産の合計と
同じ額を所有しているのです。新型コロナ感染症のパンデミックの
期間に、フランスの超富裕層の資産は 3 割増えました。このシステ
ムは、自分にとっての厄災さえ糧にするのですから、自ら修正する
ことはありえません。したがって、このシステムを拒絶することが
重大かつ喫緊の課題なのです。それが私たちのプログラムの目標で
す。**「共同の未来」、それは現在の世界秩序に服従しないことであり、
私たちはそれを隠したりあいまいにしたりしません。**

　このプログラムには歴史があります。「共同の未来」は技術官僚^(テクノクラート)
や広告業者の思いつきの寄せ集めではなく、私たちの社会から生ま
れたものです。国内のさまざまな労働組合、市民団体、知識人から
の、数百時間にも及ぶヒアリングを経て完成しました。彼らの提案
を、時には非常に忠実に幅広く取り入れ、政府が採用できるように、
包括的で一貫性をもったものにしています。それゆえ、この内容は、
2017 年〔大統領選〕の際、すでに非常に多くの NGO、人権擁護団体、
環境保護団体、種々の職業の専門家グループから歓迎されました。
同年、700 万人の人々が私に投票して、このプログラムを採択して
くれました。以降、「服従しないフランス」に所属する 17 名の国民
議会議員と 6 名の欧州議会議員は、出身の政治的背景はかなり多様
であっても、このプログラムを活動の不変の参照軸としてきました。
このプログラムの施策は、5 年にわたって、具体的な法案の提出あ

るいはマクロン政権の法案に対する修正案という形で提案されました。新型コロナ感染症の危機の期間には、保健衛生上の危機に必要なことに応えるために緊急につくられた4つの行動計画と11の法案の基盤として役立ちました。

　以後、1年をかけて慎重に改訂を行い、ここで示すテキストを完成させました。これは、私たちの政権の主要各分野における行動計画の整備に役立つでしょう。もちろん、まずはマクロン政権が制定した法律の数々を撤廃しなければなりません。しかし、私たちのスタイルはむしろ「私たちは賛成だ」です。私たちはとりわけ前向きな提案を行います。以下の提案は、この5年間のフランス社会の動きと連動して練り上げてきたものです。そのために私たちは、特定分野のあらゆる種類の専門家が参加する討論会（フォーラム）の数々を、改めて何ヵ月にもわたって開催しました。最後に、一般の人々の意見聴取・審査が行われました。これらすべてが、私たちの仕事をよりよいものにし補完するためでした。したがって、今みなさんが手にされているテキストは、長い道のりを歩んできた成果なのです。**「共同の未来」は、この先「すぐに使える」プログラムです。有能な議員と公益のために取り組む人々からなる経験豊かなチームが、このプログラムを実施する有能な政府を作ることができます。これは、フランスにおける抜本的な方針転換を信頼できるものにする、現時点で唯一のプログラムです。**

　というのも私たちは、治安、宗教、移民についての世論を操作しようとする、大衆向けの〔極右の〕議論の次元にとどまっているこ

とはできないからです。緊急事態はまったく別のところにあるのです。人間の生活にとって不可欠なすべての根源的な自然サイクルが、ほぼ全面的に不安定・不確実な時代に入った今、この国は社会的に崩壊しているのです。現体制はそんなことを気にかけていません。現体制が取り憑かれているのは、全員の労働によって生産された富を、特権階級の利益のために過度に集中させる構図を維持することです。しかし、この信じがたい富の蓄積には、1つの条件があります！　あらゆるものを商品に変え、人為的なニーズをつくり出すことです。何でも、どれほどひどいものでも、どれほどひどいやり方でも、無限に、つねにもっと速くもっと安く、たえず生産し、売買しなければならないのです。それは、生物の美しさや感性を荒廃させても止まりません。地球も人類も動物も、その過程で苦しみ疲れ果て、資源は底をついています。社会と国家は、不平等と住民放棄によって解体され、弱体化しています。その結果、世界のあちこちで、日常生活の状況の耐えがたい荒廃に対して大規模な市民革命が起こっています。これほど豊かな国であるフランスにおいて、なぜこれほど多くの人々がひどい生活をしているのでしょうか。なぜ、すべての人に、健全な環境で尊厳ある生活を送る権利がないのでしょうか。そこにはいかなる必然性もありません。私たちはそれに対抗して変革することができるのです。

　そうです、私たちの個人的な責任の重さを深く認識しましょう。私は、私が受けた25万人の個人的な支持表明[1]にもとづいて立候補することによって、自分の責任を果たします。私は、すでに一度2017年〔大統領選〕に、このプログラムを選択してくださった700

万人の方々の委託を受けたと感じています。私は、みなさん方全員が投票に行くことによって義務を果たされるよう願っています。棄権は、権利を放棄することです。なぜなら、この2022年の大統領選挙は、フランス国民にとって決定的な瞬間になると思うからです。**このプログラムは、嫌悪や排除ではなく解決策にもとづいて、幅広く力強い民衆の力を結集することができます。**私たちは、建設的な動員、つまり明確で大胆な計画への賛同を得ることに成功したいと思っています。ある世論調査の結果では、このプログラムの主要な考え方は、国内で非常に広く支持されており、60〜90％の肯定的意見を集めていることが示されました。

　私たちは、こうした幅広い賛同を必要としています。「連帯を発揮する社会こそ激動や混乱に最もよく対処できる」というのは、歴史の深い教訓です。逆に、旧式の粗暴な手段による自由の制限は、私たちの社会を分断します。たった1人の人間が突飛な決定を下し、その決定をばかげた討論のまねごとのなかで強硬に実施することに、誰もがうんざりしています。すべての人に決定に参加する権利を与えれば、その決定は実行しやすくなります。だからこそ、フランスの民主的生活を根本的に再編しなければならないのです。

　私たち民衆は、全員が自由に、十全に市民として生きるべきです。

---

〔1〕フランスの大統領候補者は、少なくとも30県以上から500人の推薦人（市町村長、欧州議会、国会、地域圏議会、県議会などの議員）を集める必要がある。メランションは、それとは別に、自らの立候補への支持を広く民衆に呼びかけ、ネットで募った。

ものごとを決める権利が特権階級だけのものであってはなりません。民衆が、そして民衆のみが、主権者であるべきです。そのためには、大統領君主制を廃止し、民衆に立法発議権や、選挙で選ばれた政治家の罷免権など幅広い権利を与えることが急務です。したがってフランスの民主主義を再構築するためには、憲法を制定するための憲法制定議会を招集する必要があります。その際、市民自身が第6共和政の憲法を執筆することになります。市民が、私たちの共同生活のルールを定めるためにペンをとる役割を担うのです。エマニュエル・マクロンが仕掛けた権威主義的で乱暴な民主主義からの逸脱を、取り消さなければなりません。率直に言いましょう。理性、平和な市民生活と尊厳、真の共和主義的社会を取り戻すためには、警察の全面的な立て直し改革を経由する必要もあります。もちろんそれと同様に、裁判制度の真剣な全般的見直しも必要でしょう。このような劇的な変化が不可欠なのです。繰り返しておきますが、最も自由に意志決定を行うことのできる民衆が最も力を合わせることができるのです。これまで経験したことのない最も重要な挑戦、すなわち人類が生存できる生態系の崩壊の危機という課題に対峙するためには、人々の連帯が必要なのです。そして私たちのプログラムはまさにそれを提案しています。

　私たちは自然のシステムに適応しなければなりません。これが現代の教訓です。私たちが自然と切り離されても生きることができると考えるのは愚かなことです。人類の未来は、根源的に自然の未来のなかに組み込まれています。だからこそ、人類と自然の調和をめざすことが緊急の行動計画なのです。今や、個人や集団の生活サイ

クルと自然の再生サイクルとが一致する世界を準備すべき時なのです。それが、私たちが適用したいと思っている「グリーン・ルール」です。気候変動とともに、先が見えないきわめて不確実で不安定な時代が始まっています。たとえば、生命に不可欠な水の循環は完全に混乱しています。私たちはすでに、増え続ける極端な気候現象、降水システムの変化、海面水位の上昇に直面しています。こうした変化は、私たちが何世代にもわたって培ってきたすべてのことをくつがえすでしょう。それらは、ほとんど予測不可能なのです。したがって、私たちは対抗の仕方を、つまり「みんなで一緒に」か「各自が自分のためだけに」かを選ばなければなりません。私たちにとって、「各自が自分のために」というごまかしや、市場とEU基本条約にとって重要な市場の神聖なモットー「自由で公正な競争」などに頼って何かを解決しようとするのは、無駄なことです。なぜなら、それによってすでに人類は崖っぷちに追い込まれているからです。

　この流れを逆転させるには、社会のあらゆる分野で社会的な環境保護運動を組織する、戦略的な国家が必要です。そうした国家は、主要な目標を設定し、どのような部門の産業や職業が必要とされるかを予測して養成などを準備し、生産者どうしを調整することができます。要するに、国家は長期計画を立てなければならないのです。長期計画は、今では一般的な考え方になりました。私たちのプログラムを読むと、さまざまな職業分野とその代表者たちの協力を得て、主にコミューン〔最小単位の地方自治体〕にもとづいてどのように行動を進めていくか考察を深めたことがおわかりいただけると思います。

なぜなら、そう、私たちは「グリーン・ルール」の法則を掲げて、生産、消費、交易の仕方すべてを変えなければならないからです。言いかえれば、私たちはもはや自然が比較的短い期間で復元できる以上のものを自然から取り立ててはならないのです。私たちの環境に対する見方を変えなければなりません。水や空気、生物多様性、森林は共有財産です。それらなくして、人々の生活や社会の存続は不可能なのです。自然をもっぱら無機質な原材料として見る観点を捨てましょう。それらの共同所有権を宣言しましょう！

　もちろん、その場合たくさんの活動を変革しなければなりません！　たとえば農業。私たちは農業に目標を設定します。まず、地元生産、有機栽培による供給で、国内の住民のための食料生産を行うことです。そしてジャンクフードとそれが引き起こす疾患に終止符を打つことです。同時に、工業も再構築が必要です。しかし、まずは私たち自身への供給です。そしてもちろん生産の方法、原材料、製品の寿命を変えることです。それゆえ職業教育は，そのプログラムだけでなく、国のどこからでもアクセスしやすい地理的分布、募集制度、資金調達を、一から再編しなければなりません。つまり、運輸、エネルギー、住宅、廃棄物処理など、数多くの分野で包括的な作業を立ち上げなければならないことがわかります。すべての人に救援が呼びかけられることになります。

　しかしながら、わが国の社会状況のせいで、行動を起こすことがますます難しくなっています。今を生き延びることにやっきになっている状態で、どうして未来のために働けるでしょうか。これが多

くの人々の日常なのです。1,000万人もの貧しい人々の存在がそのことを証明しています。したがって私たちは、社会的非常事態に陥っているのです。満足に食べられない貧窮、不衛生あるいは過密な住居、急拡大する貧困。すべての指標に赤信号が点り、フランス社会の全般的な衰退を証明しています。多くの人にとって、将来へのたえまない不安に悩まされずに、安定した境遇を享受することは、今では夢物語になっています。しかし、それを実現しなければならないのです。そのためには何よりもまず、すべての人に雇用を用意することが必要です。そして、それこそがこの国がエコロジカル〔生態系保護主義的〕な方向転換を成功させるために必要なことです。なぜなら、金融の支配が異常な状況をつくり出してきたからです。私たちは何を目にしているのでしょうか。労働力への需要がかつてないほど高まっているのと同時に、大量の失業が広がっているのです。しかしながら、やるべきことはたくさんあります。不足しているのは労働力ではなく雇用です。民間部門には必要とされているだけの雇用をつくりだすことができないのです。「共同の未来」は、この不合理な状況を逆転させることを提案しています。貧しい人々の不幸を自己責任だと非難するよりも、各人に雇用を保障する方がよいではありませんか。

特権階級がある社会が続く限り、私たちは完全に統合された民衆にはなれません。なぜならそのような社会は、住民を分断し、危機に直面したとき住民をばらばらにするからです。それは致死的な毒です。男女の不平等をはじめ、所得格差や生活状況の不平等を是正することは、公衆衛生上の目標になりました。相互扶助と分かち合

いの時がきているのです。これは具体的なことです。公的サービスはすべての人に、権利と今日の生活に不可欠なネットワークへの平等なアクセスを真に保証しなければなりません。そしてそれは、個人の地位、収入、財産、居住地に関係ありません。学校教育、健康、運輸交通、通信手段、住居、文化などの公共サービスのことを言っているのです。これまで何代かの政権の新自由主義的な管理運営によって破壊された国土全体にきめ細かく張りめぐらされていたネットワークを修復しなければなりません。そのためには、それにかかるコストを公平に配分する必要があります。「持てる者はより多く、持たざる者はより少なく払う」という単純な原則にもとづいて、税制を再編することです。月収 4,000 ユーロ〔約 64 万円〕未満の人は全員負担が減ります！　そして、最高段階の超富裕層の所得税率を、第二次世界大戦後の水準[2]に戻すべきです。

　強権的な自由経済主義は、その暴力と愚昧と服従の文化を、社会全体に広げます。しかし、自分の人生を選ぶ自由は、各個人に根ざした願望です。その自由は尊重され奨励されなければなりません。すべての人の平等を目指す私たちの計画における第一の手段は、各自が自己と自分の人生の主体となる自由、人々の自由を奪う社会的・文化的差別からの解放です。今日、人々に自由な行動をとらせないために強権的なやり方がいたるところに及んでいます。こうして、全般的な統制社会が徐々に幅をきかせるようになっています。

---

　〔2〕最高税率：所得税の最高税率の推移を単純に比較すると、フランスは戦後 65％、現在 45％。日本は戦後 75％、現在 45％。

またそれだけではありません！ マインドコントロールも現在の大きな問題です。この強権的新自由主義システムはいたるところで致命的な争いを引き起こし、人々を深く引き裂いているのです！ それは、「文明の衝突」を口実にして、宗教戦争や強迫観念的なアイデンティティ不安を助長させ、ますます悪化する人種差別を頻繁に引き起こしています。したがって、私たちにとって、尊厳ある死を迎える権利を含む自分自身の人格的な主権のためのたたかい、法的平等のためのたたかい、自分にとって重要な社会参画を選ぶ自由のためのたたかい、人種差別、性差別、同性愛差別などあらゆる差別に対する断固としたたたかいは、すべて同じたたかいなのです。私たちのプログラムは、そのことをけっして忘れたり隠したりしません。今日の世界で、私たちの個人的生活をあらゆる支配から解放するためには、自己が唯一の主体でなければなりません。そのためには、私たちを社会と結びつけている無数のつながりを制御する必要があります。それは、デジタルファイル化による市民監視リスト作りなどを制限することだけではありません。教育、知識、科学的知見の普及によって、人々の解放を進めることが重要なのです。誰もが芸術やスポーツを行えるようにすることも絶対に必要です。それこそが、社会の成員をよりよくすることで「社会を人間的なものにする」ことなのです。

　私は、フランスが世界にとってどれほど重要な国だと考えているかをお伝えすることなく、この文章を終えることはできません。窓の外を見たことがある人は、私たちがどれほど耳目を集めているかおわかりでしょう。それに正しく応えるのが私たちの責任です。

フランスは、アメリカ、トルコ、オーストラリアなどいわゆる同盟国から屈辱的な扱いを受けてきましたが、そのような状況に甘んじるべきではないのです。何よりもまずフランスの自立、国民としての私たち自身の自由の保障です。自立は孤立ではありません。それは国際世界のなかで、相互依存のバランスを取ることです。たとえば、NATOが強要する厄災を招くような取り決めを押しつけられて、私たちの自由が失われるようなことがあってはならないのです。まったく別の秩序をもつ世界をつくるという本質的なことに専念するために、そこから少し距離をとりましょう。私たちは、どのような場合でも、「力は正義なり」という強者の論理にかわって公益の論理を適用しなければなりません。強国に属さずに自由になれば、フランスは、世界の共有財産のために全力を尽くすことができるのです。今日、いかなる一般法もそれら世界の共有財産を規定していません。水、気候、海洋、宇宙、ウェブ空間など、すべて生存に不可欠な重要な共有財産です。私たちはその各分野で一流のノウハウと技術的手段をもっています。したがって私たちは、理解され尊敬されるもう一つ(オルター)のグローバリズムによる外交を推進することができるのです。それは、平和と共同の発展に対してフランスが最も貢献できることだと考えます。孤立するようなことはないでしょう。それどころか、衰退しつつあるアメリカ合衆国の利益のためだけに行われる紛争に巻き込まれずにすむでしょう。

　私たちのそれぞれの提案について尋ねると、フランス人の多くは非常に幅広い支持を表明してくれます。したがってこのプログラムは、フランスの民衆の大多数を結集させることができるのです。

私は確信しています。私の立候補は、これまでの経験と、行動すべきだという断固とした決意の表明です。私には、このプログラムと「政権運営の準備が整った」チームの力があります。私の名前が書かれた投票用紙は、人と人、人と自然が調和した社会に向かって進むための具体的な手段なのです。それは「共同の未来に向かう民衆連合」という道筋と目標の両方を示しています。20世紀なかば以降の歴史の激動から生まれた新たなフランスは、この共同で幅広い運命・前途の再構築を必要としているのです。私は、この再構築が世界の多くの人にも訴えかけると信じています。

ジャン゠リュック・メランション

自由に市民として生きます

「そして議員の皆さん、あなた方が特権階級の代表ではなく、フランスの民衆の代表であることを思い出していただきたい。秩序の源泉が正義であること、公共の安寧の最も確実な保証が市民の幸福であることを忘れないでいただきたい。」
ロベスピエール
1792年12月2日、生活必需品に関する国民公会での演説

「1人の人間だけが権力をもつことがなければ、光があり真理があり正義があるでしょう。1人の人間だけが権力をもつことは犯罪です。私たちが望んでいるのは、すべての人の権力です。」
ルイーズ・ミシェル[1]
1883年6月22日、セーヌ県重罪院での口頭弁論

　　第5共和政はもはや現代には適しません。ほとんどの選挙で棄権が過半数になっています。民衆なき民主主義は、もはや真の民主主義とは言えません。君主化した大統領が

15

率いる少数の特権階級が、国家の組織を解体し、自分たちの利益のために管理運営しているのです。この体制は、フランス人同士を対立させています。専制への逸脱がますます顕著になり、民衆の主権が奪われているのです。今日のフランスは、もはや〔第5共和政[2]が成立した〕1958年と同じ顔をしていません。新たな共和国は、この新しいフランスに適したものでなければなりません。民衆が、法典としての新憲法を自ら起草することによって新たな共和国をつくることは、自分自身を民衆として基礎づけ直すための手段となるでしょう。

訳注 ─────────

〔1〕ルイーズ・ミシェル（Louise Michel, 1830–1905）：フランスの小学校教員、無政府主義者。社会主義者、共産主義者としてパリ・コミューンに参加し、ニューカレドニアに追放される。帰国後、社会主義国家の独裁に対する幻滅から無政府主義者として活動。ルイーズ・ミシェル『パリ・コミューン───女性革命家の手記』天羽均、西川長夫訳、人文書院、1971年。2008年11月29日、メランションは「私たちは左翼党を結成するにあたって、2つの肖像を守護とし、ともに歩むこととしよう。すなわちジャン・ジョレスとルイーズ・ミシェルである」と宣言した。http://www.jean-luc-melenchon.fr/?p=649VerbatimdudiscoursfondateurduPartideGauche

〔2〕フランス第5共和政：1958年にシャルル・ド゠ゴール将軍がアルジェリア戦争を背景に、第4共和政を廃して開始した現行のフランス共和政体。第4共和政に比べて国民議会の権限が弱められ、大統領の執行権と行政・官僚機構の権限が著しく強められた。

第1章
民主主義と政治制度

1. 第6共和政に移行するために憲法制定議会を招集します*1

　第5共和政の諸制度は危険なものになっています。それらの制度が孤立した権力を作り出しているのです。無責任な指導者たちのせいで私たちの共有財産が脅かされています。市民は政治的決定から遠ざけられています。民衆と代議制度のあいだの信頼関係が断ち切られているのです。私たちには、共通の制度を再構築する力があります。私たちは、フランス人が憲法制定議会によって起草された新しい憲法をもつよう提案します。

▼鍵となる施策

第6共和政に移行するために憲法制定議会を招集します。

---

*1 フランス人の63%が、新しいフランス憲法の起草を担当する憲法制定会議を招集することに賛成しています（ハリス・インタラクティブ、2021年7月の世論調査）。

　フランス人の62%が、議会により多くの権力を与え、大統領の権力を弱める第6共和政の設立に賛成しています（オドクサ、2014年11月の世論調査）。

・憲法制定手続きを開始するために国民投票（憲法第 11 条）を行い、投票方法、男女同数制（パリテ）、くじ引き制、兼職禁止など、憲法制定議会の構成員を決める方法を定めます。また、憲法制定委員会や市民参加など、討議と議決の方法も定めます。
・旧議会の議員は、誰もこの憲法制定議会の議員になれません。憲法制定議会の議員は、憲法発効後の選挙の候補者になれません。
・憲法制定議会によって 2 年間の作業を経て提案された憲法草案は、国民投票にかけられます。否決された場合、憲法制定議会が再び作業を開始します。

・

2.　大統領君主制を廃止します[*2]

　共和国大統領にはあまりにも多くの権力が集中しています。国全体がたった1人の大統領の意志によって動かされているのです。議員は、政治的決定にたずさわる人間というより、ただの立会人になってしまっています。マクロン大統領の統治下で専制の頂点に達したこの異常事態に、終止符を打たなければなりません。

▼鍵となる施策

安定した議会制度をもつ第6共和政に移行します。

法律によって、
・県ごと（海外県・地域圏／海外自治体[1]は単一地方自治体レベル）の比例代表制によって国民議会の議員を選出します。

憲法制定議会の枠組みのなかで、
・政府に議会への真の説明責任を義務づけます。
・第5共和国憲法の第49条3項など、議会の「強行採択」[2]の手続きを廃止します。

[*2]　フランス人の68％が、次の国会議員選挙に比例代表制（県別リストにもとづく）を導入することに賛成しています（ハリス・インタラクティブ、2021年5月の世論調査）。

3. 少数エリートによる寡頭政治を一掃し、特権階級の特権を撤廃します*3

　エマニュエル・マクロン大統領の在任期で、私人、金融界、産業界の利益と、私たちの諸制度を乗っ取ったエリート支配層との共謀が明白になっています。最も裕福な人々の利益にすべてを捧げる特権階級が、国家を堕落させているのです。私たちはこの不公正なシステムを解体し、あらゆる人の平等という根本原則に立ち戻り、国家と金融界の分離を行いたいと思います。

▼鍵となる施策

国とカネを切り離す計画を実行します。

- 議会の討論におけるロビイストの影響力を抑えるために、ロビイストが議会に入ることを禁止し、国会議員、政府および内閣・大臣官房メンバーへの贈与を禁止します。
- 汚職で有罪判決を受けた者に対して例外なく、被選挙権を生涯停止します。
- 利益相反に対する規則を厳しくし、天下りを禁止します。私企業で働きたいと思う上級公務員は公務を辞さなければならず、勤務が10年以下の場合は教育費の返還を義務づけます。

---

*3　フランス人の85％が、利益相反に対する規則を厳しくすることに賛成しています（ハリス・インタラクティブ、2021年7月の世論調査）。

- 公職で活動した後、同じ分野の関連する私企業の職務に就くことを禁止する期間を 10 年間に延長します。
- 公務員試験において、社会の多様性を反映した採用を保証します。
- 不正行為があった場合、どのようなものであっても税務当局だけが司法手続きを開始できるとする専権を撤廃します。司法は、大臣の意見に反してでも、自由に調査できなければなりません。
- フランス企業運動[3]による経営者の発言の独占に終止符を打ち、賃金労働者の組合と同じように、企業トップの選挙による経営者団体の代表制を確立します。
- 被保険者自身による社会保険の理事選挙を行います。
- 政治資金の調達方法を改革し、政党への個人寄付の上限を 200 ユーロ〔約 32,000 円〕に引き下げます。
- 公共政策の実施と評価を民間コンサルティング会社に外部委託し、それらの額を水増し計上することをやめます。
- 外交団と知事・副知事団のマクロン改革[4]を廃止します。

---

4. 民衆が参加できる共和国*4

市民は民主主義の公的活動から遠ざけられるべきではありません。ところが選挙の高い棄権率によって、現状はそうなってしまっています。市民参加は、私たちのプログラムとフランスのための政治計画の中心です。

▼鍵となる施策

市民発議による国民投票（RIC）[5]を創設します。これによって十分な数の署名を集めた市民は、選出された議員を罷免することや、法律を提案または廃止すること、憲法を改正することができます。

・16 歳で投票権を与えます。
・白票を認め、義務投票を導入し、選挙を有効にするために必要な投票数の閾値を新たに設けます。
・大統領選挙候補の出馬に必要な議員 500 人の推薦に代わって、市民推薦手続きを新設します。
・公式選挙宣伝活動を民間企業に業務委託することを禁じます[6]。

---

*4　フランス人の 70％が、現行の議員、市町村長による「500 人推薦」に代わる、大統領選挙候補の市民推薦手続きを創設することに賛成しています（ハリス・インタラクティブ、2021 年 5 月の世論調査）。

　　フランス人の 69％が、市民発議による国民投票を創設することに賛成すると述べています（「ユマニテ」Ifop、2019 年 2 月の世論調査）。

- 市民が発案した──そのために設けられた市民公会や市民会議において──提案を、国民議会の事務局に自動的に提出します。
- 憲法改正や新たな欧州条約の採択については、国民投票によることを義務づけます。
- 市民を意思決定から遠ざけている、技術官僚的な行政レベルの重複（都市圏、大規模な自治体間共同体など）に終止符を打つために、地方分権化された3段階の組織（市町村、県、地域圏）を確立します。
- 市町村に協力関係の自由を取り戻します。
- コルシカ島に憲法第74条5[(7)]で保証されている地位を与えます。
- 職務と手当の重複禁止の原則を実効化します（職務は同時に1つのみ、最長2期連続）。
- 公選職務退職後の議員のために職業教育を受ける権利を保証します。
- 公的活動への参加によって有罪を宣告された組合活動家、環境活動家、ＮＰＯ[(8)]活動家、黄色いベスト活動家のための恩赦法案を提出します。

5. ライシテの共和国*5

　ライシテ〔政教分離〕は、信教の自由や全市民の平等を保証することによって、私たちの共同生活を可能にする原則です。それは人民主権と切り離せません。私たちはライシテを国に守らせなければなりませんが、諸教会と国家の分離を定めた 1905 年法によってきわめて明瞭に述べられている諸原則にとどめておかなければなりません。ライシテは、宗教が公務に干渉することを禁じるものです。それは、国家の無神論とも、諸宗教を調整するという主張とも混同できません。ライシテは、イスラム教徒に対して近年行われてきたように、特定の宗教の信者を指弾するために使われては絶対になりません。

▼鍵となる施策

信教の自由とライシテの厳格な適用を保証します。

・アルザス゠モゼル地方の政教条約[9]や海外県・地域圏／海外自治体で施行されているさまざまな特定の法令を撤廃します。
・地方議員、国会議員、大臣、および県知事が、職務の一環として宗教儀式に出席したり、宗教的称号を受けたりすることを禁止し、

---

*5　フランス人の 70％が、アルザス゠モゼルと海外県・地域圏／海外自治体での宗教への公金使用の廃止に賛成しています（ハリス・インタラクティブ、2021 年 7 月の世論調査）。

ラトラン教会参事会員[10]の称号が共和国大統領に与えられること
を拒否します。

・あらゆる閉鎖的コミュニティ主義[11]や宗教の政治的利用とたたか
います。

・宗教的建造物、宗教活動、宗教施設建設への公的資金の提供を拒
否します。

・フランスの各市町村にライシテの公立学校があることを保証し
ます。

・セクト〔カルト〕的逸脱行為の省庁間監視・対策本部（Miviludes）[12]
の資金と自立性を復活させ、強化します。

6. メディアにおける市民革命*6

　　情報は自由で多元主義的でなければなりません。それは民主主義の命じるところであり、私たちはそれを保証します。カネと独占が情報の世界を支配してよいはずがありません。市民革命は、誠実な情報を受け取る権利にも関わるのです。メディアが政治的に追随したり財政的に服従したりすれば、多元主義と表現の自由を損ないます。

▼鍵となる施策

メディアの反集中法[13]を採用し、メディアの民主化を開始します。

・2019 年に創設された「メディア倫理評議会」を、市民による本当の対抗勢力に変えます。
・メディア編集部の法的地位を強化すること、労働協約に倫理規定を導入すること、新しい投資家〔株主〕が入る際に編集部に承認権を与えること、これらによってメディアの分野を経済的・政治的利害から守ります。
・国の出版への援助を情報メディアに限定し、流通手段（印刷所、サーバー、配布）を共同組合を作るなどして共有させます。

---

*6 フランス人の 73％が、メディアの倫理の監視を担当する市民組織の創設に賛成しています（ハリス・インタラクティブ、2021 年 7 月の世論調査）。

- 公共放送のフランス・テレビジョン[14]とラジオ・フランスの社長を国会で投票して決めます。
- ジャーナリスト、メディア労働者、読者／視聴者／リスナーによる協同組合を促進し、地域メディアとＮＰＯのメディアに周波数を割り当てます。
- 情報源と内部告発者の保護を保証し、まず自分の雇用者に報告しなくてはならないという現在の手続きを強制しません。
- 2011年に元老院で満場一致で可決されて以来放置されている、投票前数日間の世論調査を禁止する法律を施行します。

〔1〕 海外県・地域圏／海外自治体（les Outre-mer）：フランスがヨーロッパ以外に有するグアドループ、マルティニークなどの海外県、仏領ポリネシアなどの海外自治体、特別自治体ニューカレドニアなどからなる13の地域の総称。ほとんどが旧植民地であり、フランスに残ることを選んだ地域。海外県・地域圏／海外自治体は、本土と同じ行政上の地位をもつが、異なる法体系や自治権を有している場合が多い。

〔2〕 強行採択（vote forcé）：内閣がどうしても通したい法案がある時、内閣に対する信任投票を国民議会に求め、そこで信任が得られた場合、その法案は政府が求める形で可決されたとみなす手続きのこと。討議中に採択した修正案も拒否できる。要するに、議会の投票を経ずに首相が宣言するだけで法案を「強行採択」できる制度。予算法案以外は1会期に1度しか使えないが、予算法案（国家予算と社会保険）については何度でも使えるので、2023年3月の年金法案をはじめ、ボルヌ内閣は2022年10月から2023年の任期中に総計23回も行使した。

〔3〕 フランス企業運動（MEDEF）：フランスの最高経営責任者の団体。フランス企業最大の団体で国内政治にも影響力をもっている。日本の経団連と比べられることがある。

〔4〕 外交団と知事・副知事団のマクロン改革：2021年マクロン政権は国立行政学院（ENA）の廃止を含む上級公務員制度の大きな改革に着手した。2022年4月17日、外務省の2つの上級公務員職を段階的に廃止することを官報に掲載した。政府によると同法の目的は、大使と総領事のポストを幅広い人々に開放することだったが、プロの外交官の終焉だという批判は多い。また、2022年4月6日付の政令で、県知事・副県知事団を廃止し、国家行政官団を創設することを定めた。これまでも県知事・副県知事は公選でなく上級公務員のなかから任命されてきたが、ますます国家の政治的道具になると批判されている。

〔5〕 市民発議による国民投票（RIC）：市民が法律で定められた数の署名を集めた場合、議会や大統領の合意を必要とせずに国民投票を行うことができる直接民主主義のメカニズム。黄色いベスト（ジレ・ジョーヌ）運動が要求してきたのは、法

律案の採決（立法国民投票）、議会で可決された法律や条約の廃止（廃止・選択国民投票）、憲法改正（憲法国民投票）、選出された代表者の解任（リコール国民投票）の４種類。

〔6〕公式選挙宣伝活動：候補者の選挙綱領、投票用の名前の票や封筒などは、国や自治体が市民に送付していたが、近年これを民間業者に委託したところ期日内に届かないなどの問題が多発した。公式ポスターの配布が遅れるなどの問題も生じている。

〔7〕憲法第74条：「海外自治体」に限って、いくつかの条件を満たすことで、個別の「組織法」によって自治権を規定できるとされている。この規定によって仏領ポリネシア、サンバルテルミ、サンマルタンの各島には自治権が認められたが、コルシカには認められていない。

〔8〕アソシアシオン（association）：フランスの非営利組織で、ほぼ日本のNPOに相当する。1901年のアソシアシオン法では、「2名以上の者が、利益の分配目的以外の目的のために、自分たちの知識や活動を恒常的に共有するために結ぶ合意」と規定されており、不法な目的や利益を内部で分配しない限り、かなり広範囲に設立が認められている。コリン・コバヤシ編『市民のアソシエーション──フランスNPO法100年』、太田出版、2003年参照。

〔9〕アルザス＝モゼル地方の政教条約：歴史的経緯から、アルザス地方の2県とロレーヌ地方のモゼル県では、1924年法という「地方法規」が継承されており、そこには公認宗教を認める「政教条約」と「附属条規」が含まれている。たとえば神父や牧師は公務員として国から給料を受け取る。

〔10〕ラトラン教会参事会員（chanoine de Latran）：フランス大統領は、「サン＝ジャン・ド・ラトラン教会の第一にして唯一の名誉参事会員」という称号をルイ11世の時代から現在まで引き継いでいる。ポンピドー、ミッテラン、オランドらは拒否したが、マクロンは2018年6月26日この称号を受けるためにローマに赴いた。

〔11〕閉鎖的コミュニティ：イスラム系やユダヤ系など宗教・出身地・民族にもとづくコミュニティが自分たちのアイデンティティ主張を共和国の普遍原則より優先する考え方や行動に対して否定的なニュアンスで使われる語。

〔12〕セクト（カルト）的逸脱行為の省庁間監視・対策本部（Miviludes）：

2002 年 11 月 25 日の大統領令によって設置されたフランスの政府機関。1998 年に開始した MILS（分派とたたかう省庁間ミッション）の後継。「人権や基本的自由を侵害して行動するカルト的特徴をもつ、または公共の秩序に対する脅威となる、または法律や法規・条令に対立する活動が起こす現象」を監視分析し、適切な対処を調整し、危険を公共に知らせ、被害者が支援を受けられるようにすることを任務とする。

〔13〕メディアの反集中法（loi anti-concentration des médias）：1986 年 9 月 30 日のレオタール法は、報道機関の集中を制限し、財務の透明性と多元性を確保することを目的としているが、実際には大グループに有利に働き、逆に集中が進んだと批判されており、新たな法律が必要とされている。

〔14〕フランス・テレビジョン：公共放送を行っている各社（フランス 2、フランス 3 等）の株式を保有するフランス政府 100% 出資の株式会社。

第2章
警察と司法

1. 民衆の名による司法

　共和国では、裁判は民衆の名によって行われます。しかし、司法にはもはやその役割を果たす手だてがありません。歴代政府によって放置されてきたのです。司法への圧力が増えています。危険な結びつきも増えています。司法を確かなものとして機能させ、裁判が適切な期間内に行われるようにするためには、十分な人員と資金が必要です。

▼鍵となる施策

とくに法律扶助を増やし、裁判所を身近なものに戻すよう気を配ることで、すべての人に司法へのよりよいアクセスを保証します。

・司法のための人員と資金調達の計画を立て、司法官、書記官、青少年保護観察官などの公務員をより多く募集します。
・陪審制の段階的廃止[1]を中止します。陪審制度のない刑事裁判所を廃止し、軽罪裁判所で陪審員に経験を積ませます。
・弁護権を強化し、憲法に弁護人依頼権を明記し、弁護士の立場を

強化し、司法を非人間的なものにするウェブ会議の利用を制限します。

・最も一般的な手続き（たとえば離婚）は無料であることを保証します。
・海外県・地域圏／海外自治体に赴任した地元出身ではない司法官のために、教育研修（歴史、地理、地域問題）を保証します。

2. 効率的な司法政策

市民のあいだで司法に対する不信がますます高まっています。裁判はあまりにも長い時間がかかり、刑事事件の被告や被害者あるいは民事事件の当事者の現実や経験から乖離していると見られているのです。政治とカネをめぐる事件のなかでは、司法の独立性が疑問視されています。真の司法改革は、憲法制定議会の招集によって民衆と国家機関が広く対話することによってしか実現できません。それを待ちながら、私たちは実施可能な数多くの改革を提案しています。

▼鍵となる施策

法律の条文について毎年議論と投票を行うことで、国会に刑事政策のかじ取りを委ねます。

- 行政に対する司法の独立性を強化します。行政が治安に直接介入しなければならない場合（テロなど）を除いて、個別事案への指示および個別情報の政府への伝達を禁止します。
- 予審の秘密情報の漏洩に加担した全員を追及し、処罰対象とします。
- 自由を奪われた人々の尊厳と権利を守ります。刑務所の過密状態に終止符を打ち、受刑者が社会復帰する手段を保障します。
- 金融犯罪とたたかいます。金融犯罪とたたかう部署の人員を倍増し、ベルシー・ロック[2]を実際に廃止し、金融犯罪担当班に人員を多く配置し、予審判事の数を増やし、公益司法協定[3]を廃止します。
- 性犯罪加害者の免責や、〔罪名変更によるレイプの〕軽罪裁判所への移管とたたかいます。
- 環境関連の実効性のある刑事裁判のための人員と予算を与え、産業汚染を罰し、汚染者負担の原則を厳格に適用します。

---

3. 理性的な対テロ政策

　この30年間で、対テロ法が2年ごとに採択されてきました。近年では、毎年1つに近くなってきています。これらの法はすべて、個人の自由を制限し、監視テクノロジーに頼ることによってテロ攻撃とたたかうという同じ戦略にもとづいていましたが、これは失敗でした。私たちは、人の手による方法に重きをおくよう提案します。

▼鍵となる施策

新たな対テロ戦略を策定します

- テロの資金調達を可能にする違法行為や脱税を行った企業やＮＰＯの訴追を促し、違法行為に関わった人物の市民権剥奪を主要罰則として設定し、実行犯に協力した企業への強制捜査を行います。
- 国土監視局（DST）と総合情報中央局（RG）[4]の合併を取り消し、再び分離することによって諜報機関の人材育成を強化し、人員を増やし、テクノロジーを過信せず潜入捜査を優先します。
- 採択された数々の対テロ法の効果を検証します。
- テロ組織によるオルグを阻止し、容疑者の更正プログラムを支援します。
- 永続的な非常事態を作り出した、自由を侵害するすべての措置を廃止します。
- 司法判事による対テロ作戦の監視を保証します。

・インターネット上の暴力の予防と監視を担当するプラットフォームであるファロス（PHAROS）[5]の人員を強化し増員します。

4. 共和国の原理にもとづいた**警察を再構築します**[*1]

　共和国には司法が必要ですが、司法に忠実で法治国家の原則を重視する警察も必要です。警察は個人と集団の自由を守るために行動しなければなりません。

▼鍵となる施策

安全を求める権利を保障するために、警察の活動を再構築します。

・地域警察を復活させ、防犯部隊（BAC）[6]や暴力行為制圧機動部隊（BRAV-M）[7]を解体します。
・自治体警察の人員を、数ヶ月の訓練後、新たに組織される地域警察に統合し、人口規模と客観的ニーズに応じて人員を配分し、市長の職務権限と県知事の序列権限の下に置きます。

[*1] フランス人の 60％が、防犯部隊（BAC）を地域警察に置き換えることに賛成しています（ハリス・インタラクティブ、2021 年 7 月の世論調査）。
　フランス人の 70％が、国家警察監察総監（IGPN）を内務省から独立させる改革に賛成しています（YouGov、2020 年 12 月の世論調査）。

- 地域警察の新たな活動センターを建設します。
- 現在民間に委託しているいくつかのセキュリティ機能を公共サービスに統合します。
- 希望する巡査補には訓練を受けてもらい正巡査に任命します。
- 警察官[8]候補生の訓練期間を2年間に延長し、内容を見直し、警察活動のための国立学校を再開します。
- 数値成果主義と成果手当をやめます。
- 金融犯罪、人身売買、マフィア組織網の解体を担当する人員を増やし(原注)、技術・科学警察の人員を倍増します。
- フランス領土内の公共スペースや公共施設での顔認証技術の使用のすべて、およびその試験的施行を法律で禁止します。
- 実効性のないこれまでの治安強化法の数々を撤廃し、予防の論理を強化し、とくに自治体（県）における予防専門の人員を増強します。
- デモなどでの敵対状況の鎮静化を促すために、スタンガン[9]、スティングボール手榴弾[10]、「防衛ゴム弾小銃」（フラッシュボール）[11]を使用することを禁止します。
- 現在使用が認められている、死に至る危険のある拘束技、うしろ固め、逆エビ固め、チョークホールド[12]を禁止します。
- デモ参加者に危険が及ぶ場合を除いて、デモの際のケトリング（あるいは「包囲」）テクニックを禁止します。
- 権利擁護官[13]の権限を強化します。

（原注）安全および治安計画で、人員のレベルと方法を指定します。

- 1986 年の警察官倫理的行動規定[14]を復活させます。
- 市民の死または深刻な負傷を招いた警察官の暴力の責任を残らず明らかにするために、「真実と正義」委員会を創設します。
- 国家警察監察総監（IGPN）と国家憲兵隊監察総監（IGGN）を廃止し、それにかわって司法官、学者、市民を含み、権利擁護官と連携した独立機関を置き、この機関に過失を犯した警察官の懲戒処分権を与えます。

5. 依存症と麻薬——戦略を変えなければなりません*2

　麻薬、その他の中毒性のある有害物質の消費（アルコール、タバコ、薬品）に関するフランスの政策は、たいていの場合抑圧か偽善であるとまとめることができます。しかし、依存症は数百万人に影響を及ぼしています。フランス依存症・薬物依存症対策室は、成人の8％が慢性的なアルコール依存症のリスクを示しており、4分の1（27％）がタバコ依存症だとみなしています。さらに大麻の危険を伴う使用あるいは依存は、17歳の未成年者で7％、18〜64歳で3％です。これは公衆衛生の問題なのです！　より効果的、より人間的なやり方で依存症とたたかうために、戦略を変えるべき時がきているのです。

▼鍵となる施策

依存症とたたかうことが可能な状況で、娯楽目的の大麻の消費、生産および販売を、国が独占することによって合法化し、管理します。

・大麻の税収を、依存症克服のためのプログラム、とくに中高生・学生向けの対策に、また予防策、リスク軽減策、中毒治療の援助策に割り当てます。

---

*2　フランス人の57％が、国の監督下で大麻の使用を合法化することに賛成しています（ハリス・インタラクティブ、2021年7月の世論調査）。

・依存症の原因解明に取り組み、使用者を抑圧する政策を継続するのではなく、リスク軽減策を開始します。
・薬物対策の政策決定権と指導を保健省に与え、内務省には任せません。
・調査と密売ルート追跡のために、警察と税関の人員を拡大します。
・たばこ密輸の首謀者たちとたたかい、若者の「たばこゼロ」を目指します。

---

6. 子どもを守ります

　子どもの権利を保障しましょう。また子どもを保護する責任のあるすべての人々に適切な労働条件と生活条件を提供しましょう。いまだに広く日常的に行われている、教育の名による身体的、言語的、心理的暴力に終止符を打ちましょう。

▼鍵となる施策

児童保護、外国人児童、いわゆる教育的暴力の禁止、子育て支援、これらに関する国際児童権利条約を遵守させます。

・触法児童に関する 1945 年 2 月 法 令 [15] の原則遵守を保証し、専門家と協議して民法と刑法を組み合わせた少年法を新たに制定します。

・共和国のすべての子どもたちの平等と質の高い教育支援のために、予算および人員を大幅に増やしつつ、児童保護の権限を県から再び国に戻します。

・予算凍結を解除して児童養護施設を増設することによって、年齢の離れた子どもを同室にしないようにし、兄弟姉妹を別々の場所に引き離さないようにし、性的暴行を受けた若い被害者を保護し（回 復 センター）、緊急の場合の一時的な受け入れを保証し、精神医学の面からのケアを考慮できるようにします。

・児童社会扶助機関（ASE）[16] の保護下にあるすべての児童が、成人後に若年者契約 [17] を得られるよう定めます。

・海外県・地域圏／海外自治体の児童保護のための特別補強計画に着手します。自治体ごとに適した児童保護と母子保護の機構をつくり、スタッフを募集し、地域の諸問題にあわせた職業訓練を行います。

・子どもに対する性暴力と本当にたたかいます。ネット上の児童ポルノ撲滅を専門とする警察官の人数を増やし、子どもと接触する専門家を育成し、被害児童の適切なケアの費用を国が負担するために予算を組みます。

・民間プラットフォーム上の違法コンテンツ通報の処理と、その実効性のある削除の管理に専念する司法当局の人員と予算を強化します。

・子どもに対するあらゆる種類の身体的・心理的暴力（教育的、懲罰的、その他）を禁止します。

〔1〕 陪審制の段階的廃止：デュポン＝モレティ法によって、2023 年 1 月 1 日から、陪審制を段階的に廃止することが決まった。2023 年初頭には、フランス全土に県単位の刑事裁判所が導入され、15〜20 年以下の懲役に処せられる重罪は、陪審員ではなく 5 人の判事によって裁かれることになる。司法関係者からは非難の声が上がっている。

〔2〕 ベルシー・ロック：税務当局が租税詐欺罪の訴追の権利を独占していたことを指す。2018 年 10 月 23 日「脱税とのたたかいに関する法」によって、10 万ユーロ（約 1,600 万円）を超える税金不払いは、税務当局が検察庁に通知するよう義務づけられた。

〔3〕 公益司法協定：2016 年 12 月 9 日「サパン 2 法」によって、検察官が告発された法人と公益司法協定を結ぶ手続が創設された。この起訴代替措置は、汚職、影響力行使、脱税、脱税資金のマネー・ロンダリング、これらに関連する犯罪で告発された企業、団体、自治体等に適用される。

〔4〕 総合情報中央局（RG）：フランスの諜報機関。元は国家警察総局、次いで内務省に属していたが、2008 年 7 月 1 日に国土監視局（DST）に統合された。

〔5〕 ファロス（PHAROS）：2009 年 6 月 16 日に創設された、一般市民が、法律に違反するウェブサイトや文書、写真、動画コンテンツを匿名で通報できるプラットフォーム。フランスの国家サイバー犯罪捜査部門である OCLCTIC によって管理されている。

〔6〕 防犯部隊（BAC）：1994 年に創設された、治安の確保または回復のために介入する、国家警察に属する部隊。この部隊による暴力がいくつもの事件で問題になっている。

〔7〕 暴力行為制圧機動部隊（BRAV-M）：2019 年初めにパリ警視庁警視総監が「黄色いベスト」運動のデモを鎮圧する目的で創設した、2 台のバイクを単位として構成される機動部隊。この部隊も暴力事件が問題になっている。

〔8〕 警察官：公式名は「治安維持要員」。

〔9〕 スタンガン：アメリカのアクソン社が発売しているテーザー銃（Taser）

を指す。

〔10〕スティングボール手榴弾（GMD）：数㎜から1㎝程の小さなゴム弾を多数詰めた弾で、着弾と同時に炸裂してゴム弾をまき散らす破砕性をもつ。弾速は通常銃器や手榴弾に匹敵し、至近距離で当たれば大怪我や死亡させる威力を持つ。

〔11〕「防衛ゴム弾小銃」（フラッシュボール）：2002年にニコラ・サルコジが導入したフラッシュボール（商品名）は、2016年以後、より正確にゴム弾を発射できるB&T社のLBD40（GL-06）に置き換えられた。LBD40は時速300㎞以上の速度でゴム弾を発射し、目に当たれば失明は確実で、鼻の骨、耳、額も潰れる。2014年に警察は「頭部と生殖器は狙わない」ことを指示したが、実際には頭部に外傷を負う人が多い。

〔12〕チョークホールド：膝で首を圧迫する制圧方法。2016年6月16日、フランス政府は警察によるチョークホールドを禁止する方針を保留した。しかし、その後も警官のチョークホールドによって重傷者や死者が出たため、2020年6月に当時のカスタネール内務大臣が禁止を宣言したが、警官組合が反発。2021年7月にようやく禁止され、警官には別の3つのテクニックが教えられることになった。しかしその後も、チョークホールドを含む危険なテクニックは、年金改革反対デモや環境運動デモの参加者、移民系の若者などに対して使われ、多くの負傷者と死者を出し続けている。

〔13〕権利擁護官：憲法71条1で規定された国の独立制度。2011年にすべての人に平等な権利を保障することを目的として、調停官、児童養護機関、反差別・平等高等機関、国家治安倫理委員会の4機関が統合されて誕生した。個人からの通報も受け付けている。

〔14〕1968年の警察官倫理的行動規定：警察の任務遂行にあたって合法性の絶対的尊重を命じる規定。1986年3月18日政令7、8によって、当時の内務大臣ピエール・ジョックスの権限で作成され、2014年に改訂された。

〔15〕1945年2月法令：フランスの少年法の基盤となっている法令。1963年以来39回改正された後、2021年9月30日施行の未成年刑法で「13歳未満は処罰できない」という原則が明記された。「未成年犯罪者は同時に精神的危機にある」として裁判官に判決と同時に教育的扶助を命じる原則は

変わっていない。しかし、未成年の犯罪者が 1.5 倍に増えていることから 2007 年には 16〜18 歳の累犯者のほとんどのケースに成人と同じ刑事処分を科すことに踏み切るなど、1945 年法の未成年者保護の精神が崩れつつあることから、新たな少年法の制定が必要だとされている。

〔16〕児童社会扶助機関（ASE）：県の行政機関で、子どもの養育に関して、教育上または経済上の困難を抱える家庭に支援を提供する。「児童相談所」と訳されることもある。家庭内暴力、子どもへの虐待（性的虐待を含む）、養育放棄（アルコール・麻薬中毒、精神疾患、貧困などによる）等の問題から子どもを保護するために、里親や施設に子どもを委託して、親や司法との関係と子どもの状況をフォローするのが任務。しかし近年、人員・予算の不足などから子どもたちを十分に守れていない事案が数多く発覚し、抜本的な制度の改革が望まれている。また県による不平等が顕著なため、児童保護の権限を県から国に戻すことが求められている。

〔17〕若年者契約：児童福祉制度による支援を 18 歳〜21 歳にまで延長する制度。現行制度は未成年の保護システムなので、18 歳になった途端に施設や受け入れ家庭を追い出され、ホームレスになる例も多い。若年者契約は、児童福祉当局と契約を結ぶもので、本人が職業訓練の受講などの義務を果たせば、教育支援（AED）、心理的支援、宿泊支援、経済的支援などを受けることができる。

自然のシステムに合わせます

「私たちは、催眠術にかけられているのか。よくないものも、有害なものも、仕方ないと受け入れてしまう。よいものを要求する意志も、目も失ってしまったのか」

レイチェル・カーソン

『沈黙の春』1962 年[1]

「自然に対する人間の狭量な行動は、人間どうしの狭量な行動を条件づけている」

カール・マルクス

「ドイツ・イデオロギー」1845 年[2]

　金融資本主義は、人間と生態系を使い果たします。したがって、自然と調和する社会を築くには、このシステムと手を切ることが前提になります。新型コロナ感染症のパンデミックは、どのような犠牲を払ってでも利益を得ようとする競争と、人々や物資の過剰な移動の有害性を示しています。私たちの社会は、気候変動がすでに始まっており、

それは不可逆的であるという現実に直面しています。今や重要なのは、人間社会の延命を保証するために気候変動にブレーキをかけることと同時に、この新たな気候状況に適応することです。市場や競争に任せておいてはこれらの課題に対応できないことが示されてきましたから、私たちのツールは行動計画です。

訳注 ————————————————————————————

〔1〕 レイチェル・カーソン『沈黙の春』青樹築一訳、新潮文庫、1999 年、22 頁。

〔2〕 マルクス／エンゲルス『新編輯版　ドイツ・イデオロギー』廣松渉編訳、小林昌人補訳、岩波文庫、2002 年、1 頁。

第3章
エコロジカル行動計画と国の整備

1. 調和のとれた社会に向けたエコロジカルな 方向転換[*1]

　生態系（エコロジー）と気候の緊急事態への対処は、貨幣が支配するシステムとの決別を前提にしています。「グリーン・ルール」によって、人と人、人と自然の調和のとれた社会を求めることが諸規範の最上位に位置づけられ、国家の行動を条件づけなければなりません。重要なのは、私たちが集団的に長期的な「時間」を取り戻すことです。それが、生活に必要不可欠なことにもとづく統治の手段としてのエコロジカル〔生態系保護主義的〕行動計画の目標です。

▼鍵となる施策

自然が再生できるもの以上を自然から奪わないという「グリーン・ルール」の原則を憲法に書き込みます

[*1]　フランス人の83％が、地球が1年間で補充できる量以上の原材料を、毎年地球から奪うのを禁止することに賛成しています（ハリス・インタラクティブ、2021年7月の世論調査）。

・国レベルと地方レベルを調整する、エコロジカルで民主的な計画を確立する枠組み法を採択します。
・国と公共事業者（セレマ[1]、国立森林管理局、フランス生物多様性局、フランス気象局など）に人員と予算を十分に与えて、行動計画で定められた役割を果たすことができるようにします。
・エコロジカル行動計画委員会を創設します。
・2030年までに温室効果ガス排出量を65％（現在の40％にかわって）削減するという目標を立てることによって、フランスの気候変動対策への意志を強化し、年次報告書を公表します。
・各企業に、公認公的機関によって認定された直接的・間接的排出量の炭素会計（カーボンアカウンティング）を実施させ、排出量削減に向けた計画を義務づけます。温室効果ガス（GHG）の排出量が多い部門（エネルギー、運輸、建築業、重工業）を筆頭に、企業規模に応じて施行します。
・エコロジカル行動計画委員会に属する生産の国内回帰のための機関を創設します。この機関は、国の独立性とエコロジカルな方向転換のために不可欠な産業部門をリストアップし、各部門あるいは確認された戦略的生産のための製造拠点の国内回帰計画を立てることが役割です。

2. エコロジカル行動計画のために国家を編成します

　私たちは、エコロジカルで民主的な目標に沿って共和主義国家を再編しなければなりません。エコロジカル行動計画は、民主主義において最も重要なレベルである市町村（コミューヌ）に基礎を置くものでなければなりません。水の循環をコントロールするという目標が、新たな編成の仕方を導きます。「水資源の汚染と枯渇ゼロ」という大きな目標を達成するために、流域と水管理局が土台になります。

▼鍵となる政策

地域圏（レジオン）を流域にもとづいて再編し、水管理を地域圏に第一責務として委託します。

- 市町村（コミューヌ）に地方民主主義の基本的単位という役割を再び与え、市町村どうしの自由な連合を認め、エコロジカル行動計画への投資の決定と実施に大きく関わるようにします。
- 技術官僚的（テクノクラート）なメガ地域圏や都市圏を廃止し、共和国地域新整備（NOTRe）に関する法[2]を廃止して、市町村が自治体間協力公施設法人[3]に所属する義務を廃止します。
- 国境を越える地域圏（ユーロ地域圏）を廃止します。
- 市民間の平等を保証するために、地域によって異なる規則の適用が可能になる「差異の権利」[4]を禁止します。
- 島嶼と海外県・地域圏／海外自治体のみに単一地域自治体[5]の規定を適用します。

・県会議員の選挙からはじめて地方議会を再編成します。
・市町村レベルで水、空気、森林、植生復元・緑化、土壌透水性を担当する自然保護官（コミューヌ）を設置します。
・地域間の不平等とたたかうために、市町村に支払われる運営交付金全体のバランスをとり直します。
・エコロジカル行動計画に関わる国土整備・投資計画について議論するために、地域市民会議を設置します。
・都市のスプロール化を阻止します。不必要な押しつけの大型プロジェクトを放棄し、生活区域と職業区域を近づけます。

3. エコロジカル行動計画の前哨基地としての海外県・地域圏／海外自治体

　海外の自治体は、エコロジカル行動計画と人類の進歩の水先案内人かもしれません。すでに海外県・地域圏／海外自治体の人々がみずから作成した「国別計画」があります。それらは、エネルギー自給、食料生産への回帰、海洋経済の発展といった、必要不可欠な需要にもとづいた重要なエコロジー的目標に役立つにちがいありません。

▼鍵となる政策

海外県・地域圏／海外自治体をエコロジカル行動計画と最短流通〔地産地消、生産者直売〕のパイロットモデルとします。たと

えば100％再生可能なエネルギー自立、食料自給、海洋政策、
生物多様性の保護です。

・エコロジカル・フットプリント[6]の少ない地域産品を優先するた
 めに、キロメートル税による関税を創設します。
・フランスとヨーロッパ向けの海外県・地域圏／海外自治体生産品
 に特恵貿易制度を適用し、地域の近隣諸国とバランスのとれた貿
 易パートナーシップを結びます。
・エコロジカルな農民主役の農業とローカルな農産物加工業部門に
 よって、食料自給に移行します。
・海外県・地域圏／海外自治体の卓越した生物多様性を保護します。
・エネルギー自立計画を推進します。

---

4. 民主主義と公共サービスによって 住民の平等を確立します[*2]

　田園地帯や小さな町は見捨てられ、大都市は富裕層のゲットーと貧困層の居住地区に分裂しています。黄色いベスト運動は、この行きすぎた不平等から生まれたのです。国の編成に秩序と正義を取り戻しましょう。公共サービスがその支柱になるでしょう。

▼鍵となる政策

とくに農村部、庶民の居住区、海外県・地域圏／海外自治体において、公共交通機関と公共サービス網がくまなく行き渡るように保護し、再構築します。すべての居住地と、必要不可欠な公共サービス（学校、駅、病院、郵便局）のあいだの距離の上限（車または公共交通機関で 15〜30 分以内）を守るためです。

・住民にとって必要不可欠な公共サービス、そのバランスのとれた配置を整備するのに適したレベルとして、県の役割を再確認します。
・特別支援策を実施することによって、企業や職人、商店の設置を促進します。

[*2] フランス人の 93％が、公共サービス、とくに医療サービスへの大規模な投資計画に賛成しています（「ユマニテ」Ifop、2021 年 5 月の世論調査）。

・補助金の支給を継続し、複数年契約を一般化し、プロジェクト募集のロジックから離れることで、地域に根を張ったさまざまなＮＰＯ<ruby>を支援します。

・とくに公共サービスにおける真の地域間平等を打ち立てるために、庶民の居住区と農村地区で「三部会」〔市民と専門家と議員による〕を開催します。

・経済的・社会的発展が遅れている地区や地域圏に対する国の予算割り当てを増やします。

〔1〕セレマ（Cerema）：環境省の監督下にある公的機関で、国や自治体の公共計画や交通政策の立案、展開、評価を支援。

〔2〕共和国地域新編成（NOTRe）に関する法：2015 年 8 月 7 日に交付され、地方の境界を修正すると同時に、県や地域圏の権限を変更して、自治体間協力公施設法人などを定めた。

〔3〕自治体間協力公施設法人（intercommunalité）：複数の市町村（コミューヌ）が所属する公施設法人。ゴミ処理や環境保護、交通機関の運営を目的とすることが多い。

〔4〕「差異の権利（droit à la différenciation）」：2017 年マクロン大統領は、市長たちに向けて「共和国の平等はわれわれの偉大な原則のひとつであるが、領土が同じ状況にあるわけではないので、それを規範の画一化と言い換えてはならない」と宣言し、効率的な分配のために自治体間で差異＝不平等を設ける可能性を示唆した。

〔5〕単一地域自治体（collectivité territoriale unique）：特別な地域自治体の形態であり、単一の議会がその領域内で、地域圏と県の権限を行使する。マヨット（2011 年以降）、仏領ギアナとマルティニーク（2015 年以降）、コルシカ（2018 年以降）に適用されている。

〔6〕エコロジカル・フットプリント（empreinte écologique）：地球の環境容量をあらわす指標で、人間活動が環境に与える負荷を、資源の再生産および廃棄物の浄化に必要な面積として示した数値。通常、生活を維持するのに必要な 1 人当たりの陸地および水域の面積として示される。

第4章
エコロジカルな方向転換という大きな挑戦

1. フランス経済の方向転換を開始するために投資します[*1]

　フランスの政策は、生態系<ruby>生態系<rt>エコロジー</rt></ruby>の危機と気候変動という緊急事態を踏まえて考え直さなければなりません。エコロジカルな方向転換には、生産、交易、消費の仕方を変えるために大規模な投資が必要です。このような変化を実現するためには、何百万人分もの良質な雇用を創り出さなければなりません。共和国政府は、市町村との対話を通じて、財政も人も動員する計画を立てなければなりません。

▼鍵となる政策

環境と社会にとって有用な 2000 億ユーロ〔約 32 兆円〕の大規模投資計画を開始します

[*1]　フランス人の 76％ が、鉄道と電車の公的な管理を復活させることを望んでいます（ハリス・インタラクティブ、2021 年 7 月の世論調査）。

・過去 10 年間に大企業に対して見返りなしに行われてきた優遇税制を廃止します。
・この資金を、エコロジカルな方向転換に向けた産業部門ごとの計画によってフランスの産業を再建するために、エネルギー、交通、保健衛生分野の公社を復活させ、そこに投資します。

2. エコロジカルな公共交通機関を発展させ、個人の移動手段を見直します*1

　トラックと「マクロン・バス」[1]のために、鉄道輸送は見捨てられてきました。自由化によって、エコロジカルな方向転換のためのあらゆる政策が妨げられています。生産拠点を国内に戻し、生活圏と雇用圏の距離を縮めることが急務です。

▼鍵となる政策

交通機関と個人移動の公社〔公共法人〕を設立します。

・SNCF（フランス国鉄）を再国有化し、鉄道輸送路線の自由競争を拒否します。
・毎日運行する鉄道路線の廃止を拒否し、再開します。列車の本数を増やし手頃な価格の運賃を保証し、駅に係員がいる切符売り場を残します。

・公共交通の密集地以外の地域には、オンデマンド型公共交通機関を整備します。
・鉄道による4時間以内の代替が可能な航空路線を廃止します。
・カーシェアリングの利用や環境に優しい移動手段（自転車のような）を発展させることによって、個人の移動手段を見直します。
・カボタージュ[2]、ピギーバック輸送[3]やモーダルシフト[4]（海運、河川、飛行船による近距離輸送）を広げる計画を採用します。
・高速道路を再国有化して料金値上げを見直し、重要な空港を再び国有化します。
・現在ほとんど存在しない海外県・地域圏／海外自治体の公共交通を発展させるために、レユニオンのトラム−列車計画をモデルにして、特別計画に着手します。

3. 2050年までに再生可能エネルギー100％を達成し、省エネのための断熱リフォームを組織的に行います[*2]

化石燃料は汚染を引き起こし、気候変動の原因になっています。原子力発電も未来への解決策にはなりません。私たちは、エネルギーモデルの方向転換を必要としています。温室効果ガス（GHG）の排出削減のためには、再生可能エネルギー100％を達成する必要があります。節エネルギーのためには、不動産全体の断熱リフォーム、刷新など大規模な計画が必要です。

▼鍵となる政策

再生可能エネルギー100％への移行を、節エネルギーと省エネルギーという2つのスローガンのもとで計画します。

・二酸化炭素を出すエネルギーから脱却します。海外のものを含め、化石燃料への助成を中止します。
・原子力から脱却します。欧州加圧水型原子炉（EPR）計画を放棄し、廃炉と原子力施設の敷地とその生活圏全体の修復、他の産業への転換の行動計画を策定します。

[*2] フランス人の74％が、100％再生可能エネルギーの目標に賛成しています（ハリス・インタラクティブ、2021年7月の世論調査）。

314,530人が、脱原子力発電について2018年にLFIが行った市民投票に参加しました（投票者の93.13％が賛成）。

・エネルギーの累進価格の導入と、尊厳ある生活に必要不可欠な基本量の無料化を保証します。

・電力・ガス市場の自由化を取り消します。水力発電ダムの民営化を中止し、フランス電力[5]とエンジー[6]を再国有化することによって、地域協同組合と連携したエネルギーの公社〔公共法人〕をつくります。

・2017年以降のガス料金の値上げを取り消します。

・気象的・地理的条件に最も適した多様なエネルギー源の利用を全国的に促進します（とくに極端なメタンガス化に対抗するために）。

・年間70万戸以上の住宅を断熱リフォームします。

・〔必要不可欠なエネルギー供給を得られない〕エネルギー不安定[7]の状況に終止符を打ちます。全面リフォームを優先し、低断熱住宅の賃貸を厳しく禁止し、エネルギーの浪費住宅を検知するプログラムを強化し、世帯収入に応じたリフォーム支援に的を絞ります。

・新築および断熱リフォームに対するエコラベルの付与は、省エネ実績が具体的で実証されていることを条件にします。

・人員と予算を与えます。専門家を養成し、こうしたリフォームを行う必要がある不動産所有者のための公的な「ワンストップ窓口」を設置します。

・建築によるエコロジー的悪影響を軽減します。バイオクライマティック資材（木／土／わら）を使ったエコ建築を広げます。

・原子力労働者のための単一の集団労働協約を確立し、下請けの大量使用をやめ、発電所の閉鎖に伴う労働者の他の職種への再就職を保証します。

4. 消費の仕方を変える「ごみゼロ」のフランス[*3]

　地球はゴミに押しつぶされています。現時点で私たちは、資源の濫用を罰することなく、対価を払えない人から資源を奪っています。「より多く消費するために、より多く生産する」という悪循環から抜け出さなければなりません。「グリーン・ルール」を適用することで、ロジックを変えましょう。（製品の寿命を人為的に短縮する）計画された旧式化と使い捨ての社会ではなく、修理可能で持続可能な社会を選びましょう。

▼鍵となる政策

計画された旧式化を廃止し、製品の法定保証期間を延長します。

・ゴミの過剰生産とたたかうために：使い捨てプラスチックを即時禁止し、ガラス瓶・ボトルのデポジット制を復活させ、リサイクル、コンポスト、焼却を義務化し（優先順位はこの順とする）、デポジット制を一般化し、素材の再利用や炭素材料[8]への代替のルートを広げます。

---

*3　フランス人の78％が、健康にとって危険な食習慣をそそる広告や、環境汚染を引き起こす部門に関する広告を禁じることに賛成だと述べています（ハリス・インタラクティブ、2021年5月の世論調査）。
　フランス人の70％が、デジタル広告や電光掲示広告の禁止に賛成しています（ハリス・インタラクティブ、2021年5月の世論調査）。

・特定の職業訓練（とくに電気、電子、建設、繊維）を行うことで、修理と再利用のための公共サービスを作り出します。

・2025 年から（見込み）有機性廃棄物の効果的・義務的な分別収集を、まず農村部から始めます（地元農家への堆肥^{コンポスト}の配給）。

・再生不可能な資源の使用を制限するため、製品のエコロジー配慮設計を義務化します。

・製品の耐久性指標（修理の可能性、寿命など）を早急に一般化し、スペアパーツの常時提供を義務づけ、耐久性スコアが不十分な製品の販売を防止します。

・公共スペースにおける広告を削減し、郵便受けへの商業広告チラシの投函、デジタルサイネージ広告、電話勧誘販売を禁じます。

・あらゆる広告媒体で、温室効果ガスを大量に排出する製品やサービスの広告を禁止します。

・テレビの CM を削減します。

・ゴミ・リサイクルセンターの全国ネットワークを作り出します。

---

5. 食料主権と農業革命
――農民主役のエコロジカルな農業のために*4

　農業ビジネスは、生態系(エコ・システム)、私たちの健康、農民の健康、これらすべてを破壊します。農薬、農業の巨大化、金融市場への服従など、その害悪はよく知られています。このシステムは、人類に食料を供給する能力を破壊しています。農民主役のエコロジカルな農業が、住民やそれを糧にしている人々に食料を供給すべきなのです。

▼鍵となる政策

農業を地域に戻し、多様でエコロジカルな農業を確立し、30万人の農業雇用を創出します

・農産物の生産者に払われる最低価格の設定、赤字販売の禁止、100％有機農業に転換した農民の負債を引き受ける不良債権処理金庫の設置などによって、生産者の報酬を保証します。
・共通農業政策（PAC）[9]を見直し、公的な農業補助金を、生態学的に持続可能な生産、労働集約型農業、植物性タンパク質食品生産の発展に振り向けます。

---

*4　フランス人の86％が、農業で30万人の雇用を創出する計画に賛成しています（ハリス・インタラクティブ、2021年7月の世論調査）。
　　フランス人の89％が、グリホサートを禁止する法律に賛成しています（「ユマニテ」Ifop、2019年2月の世論調査）。

- 農地改革を行って、新規就農を促進し、人間的規模の数多くの農場のネットワークが広がるようにします。
- 有効な農地面積を消滅させないために、開発による土地の人工化とたたかいます。
- 肥料と農薬の量を徐々に減らす行動計画を立て、最も危険な農薬（グリホサート[10]、ネオニコチノイド[11]）を直ちに禁止します。
- 原産国における農作業の生産と報酬の条件の良否に応じて、エコロジカル保護貿易制度を新設します。
- 乗算係数で定めた最高価格によって食品価格を規制し、大規模小売業者（流通を兼ねる）のマージンを制限します。
- 商品の流通と包装の使用を減らすための最短流通〔地産地消、生産者直売〕を発展させます。

---

6. ジャンクフードと決別します*5

　私たちは慢性疾患（糖尿病、肥満）や癌の蔓延に直面しています。農業ビジネスと、多量の添加物や広告を使って販売される食品が主な原因です。最貧困層が第一の犠牲者です。ジャンクフードと決別することは、公衆衛生の最重要課題です。私たちみんなによりよい品質の食料を供給するために、私たちには別の生産の仕方があるのです。

▼鍵となる政策

食品生産省を創設します。

・最も問題になっている添加物を緊急に禁止し、認可添加物のリストを有機農業で許可されたものに限定します。
・加工食品に含まれる塩分、糖分、飽和脂肪酸の最大値を設定し、海外県・地域圏／海外自治体も含めて法の強制力を確保します。
・栄養スコア_{ニュートリ}（栄養評価のラベル表示）[12]を義務化し、大規模スーパー・ハイパーによる情報操作をやめさせます。
・青少年向けのすべてのメディア（ラジオ、TVなどオーディオビジュアル、電子メディア）における食品広告を禁止します。
・幼稚園から中学校まで、週一回の食育の時間を作ります。
・「食の社会保障」への第一歩として、すべての人に「選ばれた食

---

*5　フランス人の91％が、ジャンクフードを制限する法律に賛成しています（「ユマニテ」Ifop、2019年2月の世論調査）。

品」の入手を保証する取り組みを行います。旬の果物や野菜から選ばれた5品目を、いつでも一定価格で入手できることを保証します。

・集団給食・施設調理の食材を100％有機栽培で地元産のものにし、動物性タンパク質の割合を減らして植物性タンパク質を優先し、いつでも菜食主義メニューを選択できるよう義務づけます。

〔1〕マクロン・バス（bus Macron）：2015 年、オランド政権の経済相時代に
マクロンが自由化した長距離乗合バス路線の通称。

〔2〕カボタージュ（cabotage）：国内の港のあいだの旅客、貨物の沿岸輸送の
こと。カボタージュに従事する権利は自国船舶に限るというルールは、日
本を含め世界的に広く取り入れられている。

〔3〕ピギーバック輸送（ferroutage）：貨物付トレーラーを貨車に積んで輸送
する、鉄道と道路の協同輸送方式。

〔4〕モーダルシフト（report modal）：トラック等の自動車で行われている貨
物輸送を、環境負荷の小さい鉄道や船舶の利用に転換すること。

〔5〕フランス電力（EDF）：2004 年に民営化。ただし、現在でもフランス政
府が株式の 100% を所有している。

〔6〕エンジー（Engie）：フランスに基盤を置く電気・ガス事業者。2008 年に
フランス・ガスとスエズ社が合併してできた GDF Suez が 2015 年に名称変
更した。世界約 70 ヶ国に拠点をもち、電力・ガスの供給で世界第 2 位の
売上高をもつ。

〔7〕エネルギー不安定（précarité énergétique）：2010 年 7 月 12 日付の環境法
によって、「住居において、生活資金や生活条件の不適合によって、基本
的ニーズを満たすために必要なエネルギー供給を得ることが特に困難な場
合、その人はエネルギー不安定の状況にある」と定義されている。https://
expertises.ademe.fr/batiment/quoi-parle-t/precarite-energetique-suivie-lonpe-sein-la-
deme

〔8〕炭素材料：石油や石炭などの化石燃料やバイオマスから生まれる廃棄物
（残渣）を循環型の炭素資源として生まれ変わらせて利用し、低エネルギー
消費社会の実現・炭素資源高度利用を図る。

〔9〕共通農業政策（PAC）：欧州連合 における農業補助に関する制度や計画
を扱う政策。共通農業政策に充てられる EU の予算は 2021 年度において
557 億ユーロ〔約 8.9 兆円〕で、予算全体の約 33% を占める。

〔10〕グリホサート：世界中で最も使われている除草剤の主成分。2015 年に、
WHO（世界保健機関）の専門家機関がグリホサートを「発がんのおそれ

あり」と評価したことから世界では規制強化が進んでいるが、日本は逆に規制が緩和され、「ラウンドアップ」などの商品名で販売されて農地のほか、公園や校庭、街路樹、駐車場などにも散布されている。

〔11〕ネオニコチノイド：クロロニコチニル系の殺虫剤の総称。世界で最も広く使われており、昆虫の神経伝達を阻害することで殺虫活性を発現する。近年、昆虫などの無脊椎動物だけでなく脊椎動物に対する免疫機能や生殖機能の低下などの慢性毒性が報告されるようになり、生態系への影響が懸念されるようになってきた。とくにミツバチ減少の原因物質として疑われ、使用を規制する国が増えている。日本では、1993年から7つの化学物質が農薬取締法にもとづいて使用され、「モスピラン」などの商品名で販売されて空中散布などに使用されている。

〔12〕栄養スコア（nutri-score）：栄養評価スコア。わかりやすさを重視し、AからEまでの5段階評価で示されている。ベルギー、フランス、ドイツ、ルクセンブルグ、オランダ、スペイン、スイスが、運営委員会（COEN）を設立して調整と開発を担当している。

第5章
共有資源の保護

1. 基本的な共有資源を共有化します

　人間が生きていくために最も必要不可欠なものでさえ、市場で売ることを望む少数派がいます。人類の公益のために、こうした人類の共有財産を法律で保護する必要があります。それらの使用と保護を民主的にコントロールすることは、民衆に託されるべきです。生命を維持するための水と空気は、共有化されなければなりません。

▼鍵となる施策

共有財産と必要不可欠なサービスのリストを国民投票によって確立し、共有化します。

・共有財産の保護官を創設し、年次報告書を作成・発行する役割を担わせます。
・水、空気、食料、生物、健康、エネルギーの保護よりも私有財産権が優先されることを防ぎます。

2. 汚染——世界をデトックスします

世界の毒殺が地球規模で行われています。大気、水、土壌が、プラスチック、化学物質、工業などあらゆる種類の汚染の影響を受けています。最富裕層が最大の汚染者です。しかし、その結果、より多くの苦しみを受けるのは最貧困層です。国家規模、国際規模の脱汚染計画が必要です。

▼鍵となる施策

公害の被害者と内部告発者を、汚染原因となる消費などへの課税から得た豊富な基金にもとづいて支援します。

・国や地方公共団体に、「監視、統制、制裁」の三機能（トリプティック）を行使できるよう、自由市場を規制するための人材と資金を再び与えます。

・過去 5 年間の大統領任期中に決定された、環境基準や一般市民参加メカニズムの弱体化（たとえば知事が環境基準を免除することを可能にする政令）を元に戻します。

・フランス国内の長期汚染地域を迅速に浄化するための緊急計画を策定します。なかでも、クロルデコン[1]の被害を受けたグアドループとマルティニークを優先します。

・産業リスクに関する独立安全機関の創設によって、産業リスクを管理し、環境保護のための特定危険物施設（ICPE）[2]の検査官を増員し、ICPE に対する罰金の最高限度額を（現行の 15,000 ユーロ

〔約 240 万円〕）から 50 万ユーロ〔約 800 万円〕に引き上げます。

・健康や環境に危険な経済活動（硝酸アンモニウム[3]による肥料生産など）をやめ、労働者が別の有用な分野（エネルギー、衛生、廃棄物管理）で働けるように、職業訓練と就職を計画します。

3. 水という人類の中心課題*1

水は人類共通の大きな課題です。地球温暖化によって水の循環が混乱に陥るという、生態系の緊急事態が起きているからです。またそれは社会的な緊急事態でもあります。海外県・地域圏／海外自治体を筆頭に何十万人ものフランス人が、断水や水質汚染の被害にあっています。上水と下水へのアクセス権を公的管理によって保証することは、優先事項です。

▼鍵となる施策

水の使用と水質保全のために、「グリーン・ルール」（自然が補充できる以上のものを自然から取ってはならない）の原則を水に適用した「ブルー・ルール」を確立します。

---

*1 フランス人の 80％が、水道メーターと生活に必要最小限の量の水の無料化に賛成しています（ハリス・インタラクティブ、2021 年 7 月の世論調査）。

- 水を共有財産として、地下水を含む水の循環全体を保護することを憲法に明記します。
- 水へのアクセス、下水と衛生への権利を基本的人権として明記します。
- 違法な断水をさらに厳しく取り締まります。
- 市民に開かれた地域の公的管理と結びついた、100％公営の水管理を整備するために、高等水管理局を創設します。
- 配管更新の大規模な投資計画を開始し、海外県・地域圏／海外自治体ではすでに着手されている工事を加速させます。
- 尊厳ある生活に不可欠な量の水を無償化することによって、また加入料を廃止することによって、上水と下水への権利を実現します。
- 用途に応じた累進的・区分的な価格設定を導入します。
- 公共の無料水飲み場、シャワー、トイレを全国各地にくまなく設置します。
- ボトル入り飲料業界の取水をさらに厳しく管理し、工業や農業によるあらゆる汚染を防止するために、すべての行政地域に配置される水管理警察の定員を増やします。
- 水道局に再び十分な人員と予算を与えます。
- 小規模河川を法的に認知しない政策[4]に終止符を打ち、元に戻します。
- 私たちの政権任期5年間に、すべての水路（大小河川、小川）および地下貯水の生態学的・化学的な良好状態を達成します。
- 河川貨物の利用をできるだけ早くシステム化します。

4. 海外県・地域圏／海外自治体における水への権利

　海外県・地域圏／海外自治体は、干ばつ、ハリケーン、海面上昇など、進行中のそして来たるべき変動の最前線にいます。水へのアクセスは、かつてないほど死活問題になっています。ところが、水道網の中でも漏水によって半分が失われ、よく断水が起きています。インフラへの投資と改良のための大計画がぜひ必要です。

▼鍵となる施策

どれほど費用がかかったとしても、海外県・地域圏／海外自治体の全住民に、飲用に適した水道水へのアクセスを保証します。

・公共水道サービスが機能低下している海外県・地域圏／海外自治体で、十分な量の良質な水の供給を再開します。

・とくにグアドループにおいて、飲料水の導水と浄化に必要な配管交換の緊急工事の資金を国が提供します。

・上水と下水の管理方法として公営方式を採用し、とくに上下水道網のメンテナンスに関して、委託業者、特約店、農家が契約上の義務を果たさない場合の制裁を定めます。

・水不足時にはボトル入り飲料水を配布する計画（ORSEC水計画[5]）を発動させ、飲料水と下水の公共サービスが機能低下したすべての場所で、飲料水の上限価格を設定します。

・旧事業者の請求書の問題および／あるいは未提供のサービスへの

未払金に起因する、市民の借金を帳消しにし、強制的な徴収をやめます。
・水道事業者の現在の負債や今後の投資が、水道利用者の請求書に反映されないことを保証します。
・グアドループとマルティニークにおいて、飲料水と下水が健康と生態系の危機状態にあること、クロルデコン汚染、および影響が未知の他の物質との複合効果があることを認めます。

5. 地球の肺である森林を守ります

森は気候や生態系の味方です。森が味方であり続けるためには、森の産業化・商業化に反対しなければなりません。また、国立森林事務所（ONF）の係官のような、日常的に森の世話をしている人々も守らなければなりません。持続可能で雇用を創出しうるフランスの木材産業部門の発展は可能です。

▼鍵となる施策

公衆衛生上の必要が明白な場合を除いて、皆伐を禁止します。

・国立森林事務所の人員と予算を増やし、民営化を中止して、一般市民の受け入れを含めて、任務を遂行できるようにします。
・小規模生産者の協同組合の創設、および私有林のグループ管理を

奨励します。

・林業従事者の労働条件を改善します。たとえば、EU 諸国からの安価な出向労働を禁止し、林業従事者の賃金を引き上げ、早期退職の権利を維持します。

・とくに十分な予算による公的先取特権の創設、および放置された森林区画の土地収用によって、公有林の割合を増やします。

・気候変動への適応力が高い森林を目指して、樹種や樹齢の多様化を推進します。

・公的な職業訓練制度を設けることで、樹種を多様化させ流通過程の短縮を進める目標のもとに、木材加工部門全体を再構築します。

・製材所を再興し、木材輸出を制約します。

・エネルギー生産における木材使用を抑制し、建築部門での持続可能な木材使用を促進します。

・国家レベルでフランスの森林面積の 25％を自然林生育のために残します。

・輸出することで森林伐採の増加に加担する貿易協定と決別します。

・森林破壊につながる製品を公共調達から排除し、企業にこれらの製品を原料調達から除外するよう強いるために、輸入品の完全なトレーサビリティを確保します。

・森林を破壊する違法行為（木材の密売、砂金採取、盗掘）とたたかうための国際協力を強化します。

・森林火災とたたかうための人員と機器を強化します。

6. 動物虐待との決別*2

　生産主義型の畜産によって動物に加えられる残虐な行為と、新型コロナ感染症のような大きなパンデミックの再来はリンクしています。動物に対する虐待とのたたかいは、自然との調和の探究にとって中心的な側面です。感覚をもつ生物を商品のレベルに貶める経済システムとの決別は、人類にとっての進歩です。

▼鍵となる施策

工場畜産式飼育〔集約畜産〕を禁止します。

・生きた動物の輸送時間を制限します。
・鶏やウサギのケージ飼育、ひよこの殺処分、尻尾の切断などの残酷な行為を禁止します。
・毛皮生産のための飼育をすべて禁止し、ミンクの飼育場は直ちに禁止します。
・屋外へのアクセス、放牧、密度、最小面積などの飼育条件を改善するために新たな基準を設定します。
・動物実験をしなくてすむ代替的で倫理的な研究方法へと方向転換します。

---

*2　フランス人の59％が、フランスにおける「工場畜産式」、すなわち工業生産をモデルにして作られ、動物を密集させて飼育する飼育場の禁止を支持しています（ハリス・インタラクティブ、2021年5月の世論調査）。

・動物にとって残酷な狩猟や「レジャー」（狩出し猟、猟犬狩り、闘鶏、
野生動物を使ったショーなど）を禁止します。

7. 生態系[エコ・システム]と生物多様性を救います

6度目の大絶滅[6]の発端には人間の諸活動があります。
気候変動、汚染、森林伐採によって、生物多様性が損な
われています。その保護は、国際レベルで拘束力のある
共通規範が創設されるか否かにかかっています。国家規
模でも同様に保護を進めるために、フランスは模範を示
さなければなりません。

▼鍵となる施策

**動物や植物の種が私企業に占有されるのを防ぐため、生命体
の特許登録を禁止します。**

・地球規模では、遺伝子組み換え生物（OGM）を拒否し、気候や生
物多様性に悪影響を与える国際貿易協定に終止符を打ちます。
・フランス国内では、生息地と種を具体的に保護します。すなわち、
生息地周辺での使用禁止から始めて殺虫剤を廃止し、とくに巨大
倉庫の増設禁止によって土地の人工化とたたかい、水を持続可能
なかたちで管理します（浄化と公的管理）。

〔1〕クロルデコン（Chlordécone）：有機塩素化合物の一種。食葉性害虫向け殺虫剤としてアメリカで製造され、南アメリカやアフリカ、アジア、ヨーロッパで商品名ケポン（Képone）やメレックス（Merex）などの名で販売された。その強毒性による被害が広がり、アメリカでは1975年に使用が禁止されたが、マルティニークやグアドループでは1993年までバナナ農園などで使用され、現在も影響が残っている。日本では農薬登録を受けていない。

〔2〕環境保護のための特定危険物施設（ICPE）：2019年10月11日制定の環境法によって定められた、温室効果ガスや放射性物質などの排出に関して認可の対象となる施設。指定施設は、情報提供、汚染除去、環境保護行動などの義務を負う。

〔3〕硝酸アンモニウム：主に高窒素肥料として農業で使用されているが、爆発物の原料ともなるため数多くの事故の原因になってきた。現在、多くの国で消費者向けの使用を段階的に廃止している。日本国内での硝酸アンモニウムの購入は、肥料取締法によって規制されている。

〔4〕小規模河川を法的に認知しない政策：2017年5月4日政令によって小さな河川が法的に認知されなくなり、農薬などによる汚染からの保護対象にならなくなった。

〔5〕ORSEC水計画：2017年8月、フランス政府は各自治体に対して、2020年末までに大災害時救助組織（ORSEC）水計画を策定するよう指示した。

〔6〕6度目の大絶滅：エリザベス・コルバートは『六度目の大絶滅』（鍛原多惠子訳、NHK出版、2015年）において、地球上では過去5度の大量絶滅が起きたが、現在、毎年4万もの生物種が姿を消す6度目の大絶滅が進行していると指摘した。

よく生きるために力を合わせます

「私は、貧困を根絶することができると考え、それを主張する者の1人です。諸君、私が述べているのは、減少させたり、弱めたり、制限したり、囲い込んだりすることではなく、根絶することだということに注意してください。ハンセン病が人体の病気であったように、貧困は社会体の病気です。ハンセン病が消滅したように、貧困も消滅させることができるのです。貧困を根絶すること！　そう、それは可能なのです！立法者や統治者はこのことを絶えず肝に銘じなければなりません。なぜなら、このような問題においては、可能なことが行われないかぎり、義務は果たされないからです。」

　　ヴィクトル・ユーゴー

　　1849年7月9日の国会演説[1]

「個人間にも共同体間にも、主人と召使いの関係はもはや存在してはならないのです。積極的な友愛を確立することが必要であり、その条件のもとでこそ、かつてないほど統合され、多様で、多重で調和のとれた、最高の啓示を期待することができるフランスが生まれるのです。」

　　エメ・セゼール

　　1946年3月12日の国会演説[2]

気候変動と大きなパンデミックの時代という新しい状況のなかで、社会の協同が最も重要になっています。人々の協力、相互扶助、友愛は、私たちが踏み込もうとしている危機と生態学的な不確実性の時代を前にして、最も安全な道です。だからこそ、特権をもつ人々の社会、大きな貧富の格差と決別し、社会的に見捨てられた人々をなくすことが急務なのです。

訳注 ───────────────────

〔1〕国会議員としての演説。フランス国会の公式 HP を参照。http://www2.assemblee-nationale.fr/decouvrir-l-assemblee/histoire/grands-moments-d-eloquence/victor-hugo-detruire-la-misere-9-juillet-1849#menuinter

〔2〕憲法制定議会での演説。http://www.lameca.org/publications-numeriques/dossiers-et-articles/departementalisation-la-guadeloupe-de-1946/les-discours-aime-cesaire/

第6章
永続的なパンデミック状態での生活

1. 社会的緊急事態を創設し、対応策を講じます

　　近年、治安や公衆衛生などの非常事態が次々と宣言されています。これらはすべて、個人や集団の自由を制限するという同じ方向に進んでいます。パンデミックや気候変動の影響による生態系の不安定に対処するためには、逆に人々の社会的安全を保障し、相互扶助の結びつきを強化するための社会的緊急事態が必要です。

▼鍵となる施策

生活必需品の価格を凍結します。

・法定最低賃金（SMIC）[1]と社会的最低給付金[2]を直ちに引き上げます。
・CAC40[3]の企業が公衆衛生危機の際に分配した株の配当金を強制徴収して、社会的緊急事態に立ち向かうために直ちに役立つ雇用を創出します。
・国家保証ローン（PGE）[4]の返済を2年間延期します。

2. パンデミックに立ち向かうために組織的に整備します[*1]

　パンデミックの原因への対処がなされるまでは、新型コロナウィルス感染症と同様のパンデミックが再び起こることに備える必要があります。私たちは、最も効果的で人間的な方法によって、つまり「各自が自分だけのために」ではなく「皆が共に」を選ぶことによって、また私たちの自由を守ることによって備えなければなりません。行動計画を立てる国家は、私たちがパンデミックの時代に対応するための主要な手段となるでしょう。

▼鍵となる施策

交代制の社会と公衆衛生の行動計画にもとづいて、個人の自由を侵害しないパンデミック対応計画を採用します。

・保健衛生緊急事態に関する法律や接種証明書を廃止します。
・エピデミックやパンデミックを自然災害として法的に認めます。

[*1]　フランス人の 90％が、フランスの薬品・医療機器の供給確保を任務とする公的な科学技術機関となるような公立医薬品センター（公社）の設立に賛成しています（ハリス・インタラクティブ、2020 年 6 月の世論調査）。

　フランス人の 83％が、パンデミックを自然災害として法的に認めることに賛成しています（ハリス・インタラクティブ、2020 年 6 月の世論調査）。

・緊急の保健衛生上の対応に必要な医薬品や機器の特許取得を禁止し、基本的な医療品を大量かつ公平に生産するために、知識の共有を義務づけます。

・保健衛生用品（マスク、検査キット、浄化装置）の生産に不可欠な企業を徴用します。

・医薬品の公社をつくります。その使命は次の内容です。

  1. 医薬品製造の国内回帰を確保すること。

  2. 戦略的備蓄の供給・調達を確保すること。

  3. 保健衛生製品全体の価格統制を徹底し、実質的コストを公表すること。

  4. 研究開発への融資内容について、透明性を可能にすること。

  5. ワクチンや医薬の研究のために民間企業が受ける助成に、条件を設けること。

  6. 公益のために、国が認可したワクチンや医薬を大量に製造、配布すること。

---

3. 保健衛生を最優先し、公共の公衆衛生施設、とくに病院を再構築します[*2]

　私たちの保健衛生制度は長いあいだ世界で最も優れたものでした。しかし、緊縮財政と健康の商品化によって、この制度は崩壊しつつあります。もはや慢性疾患やエピデミックの増加に対応できなくなっています。私たちは、あらゆる人の疾患を予防、治療できて、医療従事者を尊重できる、医療、予防、公衆衛生の政策を展開しなければなりません。

▼鍵となる施策

処方された医療費の100％償還を確立することによって、また共済保険組合を社会保障に統合することによって、公立病院業務を再構築し、「100％社会保障」を導入します。

・閉鎖された公立病院の救急科、産科病棟、要介護高齢者向け入居施設（EHPAD）を再開し、フランス人すべての自宅から30分以内の地域公衆衛生サービスを確立します。
・活動〔医療行為〕基準価格[5]を廃止して経常費総合交付金[6]に戻し、病床とスタッフの削減をやめます。

[*2] フランス人の86％が、2010年以降に閉鎖された病床を再開することに賛成しています（ハリス・インタラクティブ、2021年7月の世論調査）。

・介護・医療・福祉専門職（医師、看護師、看護助手、事務職員）の複数年の中期採用計画を開始し、職種の待遇改善と収入の増額を行い、公共の公衆衛生施設とくに病院の受入れキャパシティを増やします。

・医療空白地帯をなくすためにあらゆる手段を講じます。すなわち公的機関の医師の募集、定員制限[7]を確実に撤廃するための医学部の予算増加、自由〔民間〕部門の医師と病院の動員、医療施設の共同経営などを進めます。

・健康・環境全国計画（PNSE）[8]を、ジャンクフードやとくに職務による汚染への曝露（農薬、放射能、アスベスト、化学物質）に関連する慢性疾患を根絶する手段とします。

・フランスにおけるHIVの蔓延に、大規模な検診と治療の全国計画によって終止符を打ちます。

・医療空白地帯を埋めるために、公立病院と連携した、複数の診療科を備えた公衆衛生センターのネットワークを創設します。

・メンタルヘルスのための大規模計画を策定します。それによって医療・心理センター（CMP）[9]ネットワークを強化し、国が認定した専門医などと連携して特定病院以外でのメンタルヘルスケアのフォローアップを可能にし、医学部における精神分野の定員を増やします。第一段階として閉鎖された公立の精神科病床を再開します。

・研究を財界から守り、医療・病院活動への民間企業の影響力を排除します。

4. 海外県・地域圏／海外自治体の放置に 終止符を打ちます

　海外県・地域圏／海外自治体は、〔本土への〕経済的依存と低開発のシステムのなかに据え置かれ、貧困と不平等を生み出し続けています。住民たちは、公共サービスの低下、公共投資の累積的な遅れ、経済における寡頭的、独占的状況の重荷、そしてクロルデコン汚染のような公害の持続的影響に苦しんでいます。私たちは、このような平等に反することを拒否します。逆に、共和国はどこでも誰に対しても生きたものでなければならないのです！

▼鍵となる施策

公共サービス（交通、教育、健康、住宅、文化）**への投資と開発のための複数年計画を開始します。その可能性は、とくに仏領ギアナ**[10]**とマヨット**[11]**における社会運動の諸提案のなかで輪郭が示されてきました。**

・本土との結びつきを高める措置（統制料金による公共の交通・運輸サービス）と、域内のアクセス困難地の克服（とくに仏領ギアナ）、域外の交通手段の充実を確保します。
・すべての人に学校教育と無償の公的医療を保証します。
・海外県・地域圏／海外自治体の言語や文化の教育を支援し、それらの言語・歴史の教育を、フランス本土と現地での学校教育プログラムに組み入れます。

- 生活費の高騰に対抗するため、生活必需品の価格規制を設けます。
- すべての公共サービス機関で50%の現地採用を保証するために、優遇措置を導入します。

---

5. フランスで生産することによって私たちの独立性を確保するために、エコロジーと連帯にもとづく保護貿易主義を確立します[*3]

　市場競争にさらされる社会的権利、環境へのひどい悪影響、荒廃した産業、解体された農業、これらを生んだ世界各地への生産プロセスの分散を阻止しなければなりません。フランスは必需品の生産を他国に依存すべきではないのです。危機が生じてから生産を国内回帰させるのでは手遅れです。

▼鍵となる施策
フランスの生活にとっての必需品の生産を国内回帰させます。

- 戦略的産業に緊急アンチダンピング措置を適用します。

[*3] フランス人の90%が、企業への公的援助に社会的・環境的見返りを条件として課すことに賛成しています（「ユマニテ」Ifop、2020年9月の世論調査）。

・戦略的分野（半導体、医薬品など）における他国への依存に終止符を打つために、またエコロジカルな方向転換（電池のリサイクル、再生可能エネルギー用鉄鋼、アルミニウムなど）を支えるために、産業再建計画を開始します。

・社会的連帯企業、エコロジカル企業、地元企業を優遇するために、官公庁契約法典を改訂します。

・すでに実施されている貿易協定の点検と評価を行い、輸入製品の売り出しにあたって社会的・エコロジー的基準の遵守を義務づけます。

・エコロジー的基準（二酸化炭素排出量や汚染度など）にもとづく関税権を創設します。

・フランス国境にキロメートル税を導入し、国外への工場移転や遠隔地からの製品の輸入を抑制します。

・外国企業が国内に投資する見返りとして、フランス銀行〔中央銀行〕への事前預託を義務づけます。

・フランス人の貯蓄が海外で投資される際（とくに生命保険）は税制上の優遇措置を廃止します。

・国や地方の公共調達、および企業への援助協定に、活動の立地の基準を設けます。

・大企業に対する国によるすべての助成に、厳しい社会的・エコロジー的・財政的目標を条件として課し、条件を守らない場合には助成金の返還を求めます。

・すべての経済活動の国外移転や閉鎖について、公益のための徴用処罰を実効化します。

・世界貿易機関（WTO）の枠組みについて再交渉します。

訳注 ―――――――――――――――――――――――――――――――――――――

〔1〕 法定最低賃金（SMIC）：2024 年 1 月 1 日の引き上げで、時給（種々分担金・税込み）11.65 ユーロ（約 1,864 円）、手取り 9.22 ユーロ（約 1,475 円）。

〔2〕 社会的最低給付金（minima sociaux）：不安定な状況にある人（またはその家族）に最低限の所得を提供することを目的とする給付金。積極的連帯手当（RSA）、障がい者向け手当（AAH）、連帯的手当（ASS）、高齢者向け手当（ASPA）など 12 の制度がある。たとえば連帯的手当（ASS）は 2024 年 4 月 1 日現在で月 570.30 ユーロ（約 94,000 円）。

〔3〕 CAC40：株式市場ユーロネクスト・パリの株価指数。時価総額上位の 40 銘柄による。

〔4〕 国家保証ローン：新型コロナ感染症対策として、企業向けの国家保証貸付が 2020 年 5 月から 2022 年 6 月まで実施された。

〔5〕 活動（医療行為）基準価格（T2A）：2004 年に「病院 2007」計画の一環として導入された医療施設の資金調達方法。事業所の実際の活動の評価にもとづいて、割り当てられる資金を決定する。結果として多くの事業所が累積債務を抱えることになった。また、「活動（医療行為）」の数を増やして交付金を多く獲得しようとする傾向を生み、一つひとつの治療の短縮、面倒な治療の回避、入院日数の削減など医療・ケア内容の劣化を引き起こし、医療従事者からも強い批判を受けている。

〔6〕 経常総合交付金（DGF）：国が自治体やその部局に支払う交付金。

〔7〕 定員制限（numerus clausus）：フランスではバカロレアをもっていれば原則としてどの大学のどの学部にでも入学できるが、1971 年に医学部では 2 年生に上がる際に選抜試験を行って学生数を制限するシステムを導入した。医者不足から 2021 年には原則的に廃止されたが、医学部の受け入れ可能人数が不足しているため問題は残っている。

〔8〕 健康・環境全国計画（PNSE）：2004 年に、健康、環境、労働および科学研究担当省によって策定され、5 ヶ年計画として施行された。「大気・水質汚染」、「環境に起因する疾病の予防」、「影響を受けやすい市民の保護、情報提供」の 3 分野。2021 年から 4 回目の 5 カ年計画を施行中。

〔9〕 医療心理センター（CMP）：心理的に困難な状況にある人に、医療・心理・

社会的な相談を提供する公的医療センター。子ども・青少年専用のセンター
もある。精神科医、心理学者、看護師、言語療法士、社会福祉士、教育者
などのチームによるサポート。全額社会保障制度でまかなわれる。

〔10〕仏領ギアナ：南米北東部に位置するフランスの海外県（地域圏も兼ねる）。
1664 年から定住が始まり、政治犯の流刑地として知られた。20 世紀前半
のゴールドラッシュを経て、現在はフランス宇宙センターがあることで有
名。失業率は 20％に達し、2017 年には大規模なデモとストライキがあった。

〔11〕マヨット：アフリカ大陸南東、マダガスカル島とのモザンビーク海峡に
浮かぶコモロ諸島の南端に位置する島。フランスの海外県。1841 年、フ
ランスがマヨット島の王から買収して植民地とした。現在マヨット島以外
の島は独立国家コモロ連合であり、マヨット島の返還を要求している。

　　　よく生きるために力を合わせます

第7章
完全雇用

1. 雇用保証を確立します[*1]

　失業は、個人、家族、そして社会全体にとって災難です。国や地域社会が介入して、すべての人が必要な仕事に就けるよう提案しなければなりません。そのため、すべての長期失業者に対して、エコロジカルな移行や社会貢献活動に役立つ仕事（緊急を要する部門）が、各人の資格と志望に応じて提案されます。

▼鍵となる施策

雇用保証をつくりだします。長期失業者は全員、緊急を要する部門において——引き上げられた——法定最低賃金（SMIC）以上の給与で雇用提案を受けることができます。

[*1]　フランス人の87％が、就労希望の長期失業者すべてに国が職を保証することに賛成しています（ハリス・インタラクティブ、2021年5月の世論調査）。

2. 労働時間を短縮し、裁量労働の社会を生み出します[*2]

　フランスの給与労働者の労働時間は 2002 年以降減っていません。最後に有給休暇の 1 週間追加を獲得したのは、40 年前、フランソワ・ミッテランが政権についたときでした。労働時間の短縮は、心身を休めるための社会的・人間的な進歩であり、雇用が不足しているときに必要なことでもあります。現在フランスには、求人の空き 1 つに対して 13 人の失業者がいるのです！　労働時間の短縮は、歴史的な目標であると同時に、従業員の疲弊と不完全雇用に対する最も公平、効果的で、最も費用のかからない政策なのです。また、エコロジカル行動計画にかけられている内容にもつながります。通勤回数を減らし、他の活動にあてる個人の時間を増やすことが緊急に求められています。

▼鍵となる施策

ただちに週 35 時間の法定労働時間[1]（税金・社会保障分担金込みの残業代[2]として、最初の 4 時間は 25％、それ以降は 50％上乗せする）**を復活させ、きつい仕事や夜間勤務は週 32 時間に移行し、団体交渉を通じて週 32 時間制を広めることを奨励します。**

・年金の満額支給に必要な分担金支払期間を 40 年に削減、定年退

*2　フランス人の 6 割が、週休 4 日制に賛成しています（ADP、2019 年 5 月の調査）。

職年齢 60 歳を復活させます。

・すべての給与労働者に 6 週目の有給休暇 [3] を一般化します。

・ワークシェアリングと技術進歩の影響に関する全国会議を召集します。

・日曜日の労働許可を見直します。

・労働のフレキシブル化、強制年俸制 [4]、労働強化、分割シフト [5] に終止符を打ちます。

---

3. 雇用を創出する大規模なエコロジカル作業現場を立ち上げます

気候変動はもう始まっています。サルコジ、オランド、マクロンの政策のせいで、私たちは気候変動に立ち向かい、適応するためのたたかいに遅れをとってしまいました。この課題に対応するために、大規模な作業現場を立ち上げて、私たちの経済のエコロジカルな方向転換をする行動計画が急務になっています。この計画は、数十万の雇用を創出し、失業を大幅に削減することができます。

▼鍵となる施策

気候変動に適応したインフラ整備のための全体的な改修計画を開始します。

岸地方と海底の汚染除去計画を立ち上げます。

・漏水を制御するために、上下水道配管網全体を改修します。

・線路の大規模改修に着手し、過去30年間に廃止された路線や駅を再開します。

・エネルギーの効率化や節約に投資し、海洋再生可能エネルギーなどの革新的なエネルギープロジェクトに取り組みます。

・高圧線のネットワークの改良とその埋設を加速させます。

・土木構造物（橋、高架橋、堤防、ダム）の全国的な診断調査を実施し、補強します。

・製材、木工（家具、骨組み用木材、エコロジカル建築）、パネル、段ボール、紙パルプの製造など、私たちの木材生産能力を持続可能な仕方で再構築し、それらの作業所をできるだけ森林に近い場所に設置します。

・バイオ由来資材（木、土、藁など）を使ったエコ建設分野を開発します。

4.　すべての人に安定雇用を

　現在、400万人近い人が不安定雇用で働いています。新たな雇用の87％が短期契約です。不安定雇用とは、終わりのないトンネルを意味します。1982年には不安定雇用の2人に1人が、1年後に無期雇用契約（CDI）[6] を結んでいましたが、現在では5人に1人しか無期雇用契約に移

行できません！　そしてここには、そのほとんどが女性によって占められているパートタイム雇用〔本人は正規を希望〕は入っていません。マクロン政権下のフランスでは、150万人が生活のために2つの仕事のかけもちさえしています。このような従業員の「使い捨て」観は、仕事の価値を下げ、職業やノウハウを否定するものです。そのせいで、真に有効な計画を立てたり、職業訓練でノウハウを習得したり、顧客や利用者に関心を向けたりすることができなくなっています。

▼鍵となる施策

企業における不安定雇用契約の上限枠を導入します。中小企業（PME）は10％、大企業は5％です。

- ペニコ政令[7]とエルコムリ法[8]を廃止し、「有利原則」を復活させます。企業内協定は産業部門の団体協約よりも〔労働者にとって〕有利なものでなければならず、産業部門の労働協約自体が法律よりも有利なものでなければなりません。
- デジタルプラットフォームの労働者（ウーバーイーツ、デリバールーなど）と、給与労働者であるのに自営業者だと偽って扱われてきたすべての給与労働者を、賃労働契約に分類し直します。
- 3つの公務員職における不安定雇用の労働者[9]を正規雇用にします。
- 下請け業者に対する事業主の責任を法律で保証し、下請けを一次までに制限することで下請けを規制します。

5. 賃金を引き上げ、企業内の賃金の不平等を 是正します*3

　法定最低賃金（SMIC）〔月額手取り1,258ユーロ、約20.1万円〕の給与労働者は、貧困ライン〔月額1,158ユーロ、約18.5万円〕をかろうじて上回っています。これらの給与労働者の60％は女性であり、多くの場合パートタイムで雇用されています。給与序列の反対側にいる、一部の社長やCEO（最高経営責任者）の収入はあきれるほど高額です。同等の地位と資格であっても、女性は男性よりもつねに低い賃金です。そしてほとんどの場合、出産は彼女らのキャリアにとって「リスク」のままです。こうした状況のせいで70万人以上の女性が、望んでいるにもかかわらず就職できずにいます。それは彼女らに対する不正であり、平等原則の侵害です。

▼鍵となる施策

ただちに月額の法定最低賃金（SMIC）を手取り1,600ユーロ[10]〔約25.6万円〕に引き上げます。

・男女の賃金平等を遵守しない場合、厳罰に処します。

---

*3　フランス人の76％が、法定最低賃金（SMIC）を手取り月額1,400ユーロ〔約22.4万円〕に引き上げることに賛成しています（ハリス・インタラクティブ、2021年7月）。

・企業内に男女平等に関する従業員管理委員会を設置します。
・女性が大多数を占めるケア、つながり、接触の分野の介護福祉士やヘルパーなどの職業について、給与、労働条件、キャリアパスを見直すための社会会議を開催します。
・公務員の給与を増額します。
・企業内で最低賃金と最高賃金の差を 20 倍以下におさえるために給与の上限を設定し、20 倍以上を認めません。
・ゴールデンパラシュート〔会社役員に支払われる高額な割増し退職金〕とトップハット年金〔一部の高額給与受給者のみを対象に、法定老齢年金の保険負担率の他に企業内で積み立てる年金給付制度〕を禁止します。
・ストックオプション〔会社役員に優遇価格で自社株を購入する権利を与える制度〕を廃止します。
・利益のうち株主に配分される配当金の割合を、従業員に支払われる割合と同じに制限することによって、株主への配当金の支払いを制限します。
・取締役会における従業員代表の数を増やします。

6. 補償の充実した失業保険を復活させます

> マクロン政権は、失業保険を解体する準備を前々から進めてきました。最低拠出期間の延長、計算方法の改訂などによって、合計150万人以上が損害を受けます。政権がこだわっているのは、金持ちに仕え、貧乏人をおとしめることだけです。しかし失業は死を招きます。年間14,000人が、失業が引き起こすストレス、うつ病、睡眠不足が原因で亡くなっています。失業保険は失業者を守るべきであり、私たちは十分な雇用を創出すべきなのです。

▼鍵となる施策

マクロン改革を拒否します。失業者は、就業初日から計算される失業保険によって、最終の給与にもとづいて補償されます。

・産業医による検診制度を失業者に拡大し、6ヶ月を超えると検診を義務づけます。
・労働契約が終了した初日から失業者を補償します。
・失業者が〔職業安定所の〕いわゆる「妥当な仕事の提案」を受け入れなければならない義務を廃止します。
・失業者が〔職業安定所の〕面会の予約に一度でも欠席したら、登録抹消される制度を停止します。また、失業率を人為的に下げるために、ささいな口実で登録抹消される事態に終止符を打ちます。
・不定期就労者と派遣労働者のための特別な雇用保険制度を復活させます。それによって2つの雇用期間のあいだの失業期間に、よ

り有利な失業補償が確保されます。

---

7. 職業社会保障制度をつくります

　仕事の世界は非常に変わりやすく不安定なので、自分の職務のなかでキャリアアップすることは困難です。会社が変わったり定期的に部門が変わったりするのに、どうして新しいツールや最新の発明を学ぶことができるでしょうか。この問題を解決するために、私たちは職業社会保障制度を確立することを提案します。病気、事故、失業に加えて、キャリアの危機という新たなリスクをカバーするものです。職業社会保障は、労働者の諸権利を個人に結びつけることによって、それらの権利を雇用契約外の期間も含め生涯にわたって維持します。ちょうどヴィタル・カード[11]が健康への権利の継続性を保障するのと同じです。この職業社会保障制度は、労働を資本から独立させることになるでしょう。労働者が職業訓練の分野を自由に選択し、資格を高めることができるようになるのです。私たちが21世紀の新しい働き方を考案することになるでしょう。

▼鍵となる施策

雇用契約外の個人的権利（職業訓練、休暇、勤続年数など）の継続

性を保証し、別の雇用契約に移ってもそれらの権利を引き継
がせます。

・転職や職業訓練の際の収入維持を保証します。
・各従業員に、希望分野で自由に使える年間 36 時間の職業訓練の
　権利を与えます。
・見習い、インターンシップや実習の期間を、職業社会保障制度
　(勤続年数、休暇、職業訓練など) に統合します。

---

8. 仕事が引き起こす苦しみに終止符を打ちます[4]

　燃え尽き症候群や過労という言葉を聞いたことがない
人はいないでしょう。これらの苦痛は、頻発する現象と
なり、認知されるようにもなってきました。いくつかの
職業や企業では、従業員が自殺するほど深刻な問題に
なっています。

　仕事の苦しみは自然なものではなく、ましてや必要で
もありません。社会や人間の進歩とは、まさにその逆の

---

[4] フランス人の 63% が、フランソワ・オランド前大統領とエマニュエル・
マクロン大統領が新たに作った労働法を廃止することに賛成しています
(ハリス・インタラクティブ、2021 年 7 月の世論調査)。

　フランス人の 81% が、燃え尽き症候群を職業病として認めることに賛
成しています (ハリス・インタラクティブ、2018 年 1 月の世論調査)。

方向に向かうことです。

　いたましいことに毎年1,000人もの人が、危険な現場で事故にあったり、不治の職業病にかかったり、耐えがたい状況に直面して自殺したりなど、仕事のせいで亡くなっています。毎年、何百万人もの人々が、重い負荷やきつい姿勢が原因の身体的苦痛から精神的苦痛に至るまで、労働条件によって影響を受けています。

　私たちにとって、仕事は回避可能な危険が取り除かれた活動でなければなりません。それは有用で、人を尊重し、個人の解放につながるものでなければならないのです。

▼鍵となる施策

燃え尽き症候群（バーンアウト）を職業病として認めます。

・労働監査局[12]の職員を倍増します。
・産業医学を強化し公的医療サービスに統合します。採用時の健康診断の義務化と、失業期間を含めた就労期間中の定期検診を復活させます。
・安全・衛生・労働条件委員会（CHSCT）[13]を復活させ、資金を増やし、意見に強制力をもたせます。
・国際がん研究機関によって特定されたすべての発がん性物質を、農薬を含めすべて職業病を引き起こす要因として登録します。
・労働災害の発生件数を公共事業の入札の選考基準にします。
・ネットに接続しない権利を実質化し、テレワークを制限します。

9. 企業内でも市民権を認めさせ新たな従業員の権利をつくります

民主主義は制度にとどまってはなりません。経済においても民主主義の精神が優位に立たなければなりません。市民社会の主たる市民が、会社でも市民として認められるよう、あらゆる手段を講じます。

▼鍵となる施策

従業員が協同組合の形で会社を継承できるよう、先取特権を創設します。

・企業委員会[14]に、解雇計画に対する停止の拒否権〔一定期間、決定を一時停止する権限〕と、企業財務に対する新たな管理権を与えます。

・従業員に、会社の再生・更正・清算手続きの際に現在よりも強い権限を与え、会社の経営陣や戦略的プロジェクトに対する不信任投票の権利を導入します。

・大企業の意思決定機関における従業員代表を少なくとも3分の1に増やし、環境団体や消費者団体など他の利害関係者（ステークホルダー）も含めるようにします。

10. 尊厳を保てる年金制度を実現するために*5

　2019年12月、フランスはエマニュエル・マクロン大統領の年金改革に対して、史上最長のストライキを経験しました。これに対抗するために、政府は新型コロナ感染症対策を検討するための閣僚会議にかこつけて、憲法49条3項〔1章訳注2参照〕の使用、つまり採決なしの改革採択を告知しました。メディアで語られた嘘にもかかわらず、フランス人はポイント制年金[15]であれば「労働時間が長くなり続け年金は減る」ことを理解しました。現行の、給付水準が保証された世代間連帯制度を放棄する理由はまったくありません。尊厳を保てる条件で、健康で長生きするためには、十分早い時期に仕事をやめることができなければなりません[16]。

▼鍵となる施策

40年間の分担金支払い後、60歳で退職、年金を満額受給する権利を復活します。

---

*5　フランス人の83％が、退職者すべてが法定最低賃金（SMIC）と同額以上の年金を受け取ることに賛成しています（ハリス・インタラクティブ、2021年7月の世論調査）。

　フランス人の68％が、60歳以下での退職に賛成しています（ハリス・インタラクティブ、2019年3月の世論調査）。

・満期の年金を、少なくとも——見直しずみの——法定最低賃金 (SMIC) の水準〔月額約 20.1 万円〕に引き上げ、高齢者連帯手当の最低額を貧困ラインの水準〔月額約 18.5 万円〕にまで引き上げます。

・年金受給のための給与基準[17]を満たすために、積極的連帯手当 (RSA)[18]を算入します。

・老齢年金の基本給与にかかる拠出率[19]を 5 年間にわたって毎年 0.25 ポイントずつ引き上げ、利益分配型賞与[20]、経営参加型分配制度[21]、従業員貯蓄制度からの所得、および企業の金融所得にも老齢年金用の拠出率を適用します。

・年金額を給与に連動させます[22]。

・年金用備蓄基金に、環境汚染分野への投資を禁止します。

〔1〕 法定労働時間（durée du travail）：2000 年 1 月 19 日、ジョスパン政権下のオブリー法で週 35 時間と定められたが、2002 年 10 月 15 日のフランソワ・フィヨン労働大臣の政令によって、時間外労働時間が引き上げられた。また 2007 年にはニコラ・サルコジの「もっと働いてもっと稼ぐ」というスローガンに沿ってさらに時間外労働が増加した。日本は週 40 時間。メランションは 2017 年の大統領選挙の時から 32 時間以下を目指すと述べてきた。

〔2〕 税金・社会保障分担金（cotisation）込みの残業代：企業が、従業員の残業時間分は税・社会保障分担金を支払わなくてすむように変えられていた制度を元に戻す。

〔3〕 年次有給休暇（congé payé）：1982 年 1 月 16 日にピエール・モーロワ政権が公布した条例によって 5 週間に定められた。その後、職種によって 6 週目が認められた。消化率は 100％。日本は 20 日で、消化率が 50％。

〔4〕 強制年俸制（modulation du temps de travail annuel）：2008 年に導入された制度で、これによって労働時間を 1 年のなかで分散させることができるようになった。公的機関や企業は、ピーク時や閑散期に合わせて従業員の労働時間を調整できるが、労働者はピーク時には週 35 時間を超えて働かなければならない。

〔5〕 分割シフト（horaires fractionnés）：一日の労働時間をいくつかの不連続な時間に分割すること。

〔6〕 無期雇用契約（CDI）：これに対する有期雇用契約（CDD）は最長 18 ヶ月で 2 回まで更新可能。

〔7〕 ペニコ政令：2017 年〜2020 年、労働相ペニコによって実施された労働法改正政令の数々。労働審判の補償規模、永久労働契約、企業内労働協定の余地の拡大、団体協約の創設、労働組合を介さない交渉など、雇用者側に有利な内容である。

〔8〕 エルコムリ法：2016 年 10 月、労働相エルコムリによる改正労働法。団体交渉を促進するための法律の緩和、労働時間、残業、労働審判補償、解雇、採用時の健康診断などの変更を規定。労働組合による幅広い抗議を呼び起こした。

〔9〕3つの公務員職の不安定雇用：国家公務員、地方公務員、病院公務員の3領域。フランス政府は2000年7月10日、公務員の7つの労働組合のうち六つと、不安定雇用の削減と公共サービスにおける採用の近代化に関する議定書協定を締結した。

〔10〕原文は1400ユーロだが、現在は1600ユーロに変更。

〔11〕ヴィタル・カード：1998年から全国展開された、公的医療受給のためのICカード式健康保険証。

〔12〕労働監査局（inspection du travail）：団体協約や労働法の規定が企業内で正しく適用されているかどうかを管理・監視する責任を負う機関。労働監査官は、雇用主、従業員、従業員代表に対して、それぞれの義務と権利について情報を提供し、助言を行う責任を負う。

〔13〕安全・衛生・労働条件委員会（CHSCT）：従業員50人以上の事業所に設置が義務づけられている従業員の代表組織。衛生面、健康面、安全面における労働者の保護に責任を負う。1982年に制定されたCHSCTはマクロンの労働法典改革でCSE（社会経済委員会）に吸収され、企業内の安全・衛生・労働条件改善の重要さが失われた。

〔14〕企業委員会（CE）：企業内の従業員を代表する機関の1つ。1945年2月22日の命令と1946年5月16日の法律によって、従業員50人以上の企業に設置が義務づけられた。

〔15〕ポイント制年金（retraite à points）：マクロンが2017年に掲げた年金制度改革の1つ。従来の賦課方式にもとづいて年金を計算する制度に対して、支払った保険料によって蓄積されたポイント数に基づいて年金を計算する制度。これまで一部の職種で法定基礎制度に加えて採用されていたポイント制度を一般化するとした。

〔16〕本書の出版後、2023年初めにマクロン政権は再び年金改革法案を提出した。ポイント制はあきらめて、必要な労働年数を2年間延長するという内容だった。この時も政府は、改革の理由を国民の老齢化によって年金金庫の赤字が増えすぎるからだと喧伝したが、これは研究者や専門機関が出した見通しをねじ曲げた虚偽だった。国民は再び大反対し、ここ50年で最大の社会運動が起きたため、政府は再び憲法49条3項を行使して強行

採択した。

〔17〕年金受給のための給与基準：年金受給のために必要な退職前の就労各年についての給与合計額。年金の受給に必要な四半期ごとの分担金支払いを有効にするには、退職前の就労各年について、その年1月1日の法定最低賃金（SMIC）1時間の額の150倍に相当する給与合計を四半期ごとに（年間にすると約110万円）受け取っている必要がある。

〔18〕積極的連帯手当（RSA）：2007年に導入された社会保護給付制度。資力の乏しい人に最低限の収入と再就職のための支援プログラムを保障する。居住条件、年令、資力によって受給額が異なり、最高額で月額635.71ユーロ（独居の人の場合、約10万円）。

〔19〕老齢年金の拠出率：社会保険全体で、従業員が給与の6.9%、企業が8.55%を拠出する（給与が上限額以下の場合）。フランスの年金制度は、一般制度と4つの職業別・階層別制度（民間被用者・農業被用者・公務員・自営業者）からなり、一般制度には、老齢のほか、疾病・障がい・出産・死亡、労災・職業病、家族の年金がある。

〔20〕利益分配型賞与：会社の成果や業績に比例して従業員に賞与を支払う制度。インセンティブ・ペイ。目的は、従業員が会社の目標達成に参与するよう奨励すること。

〔21〕経営参加型分配制度：会社の利益を従業員に分配するための仕組み。従業員50人以上の会社に義務づけられている。従業員が受け取る賞与の額は協約によって定められる。

〔22〕年金の給与連動：年金額は、インフレ率に連動させることが多いが、2019年以来フランス政府はインフレ率よりも低い上げ幅にとどめている。メランションは、かつてフランスで1948年から1987年まで実施されていた給与に連動させる方法に戻すよう提案している。

第8章
豊かさの分配

1. 国家の富の経済的横領に終止符を打ちます

社会インフラ、公共サービス、花形産業・技術、国家主権にかかわる産業において、捨て値の民営化や不当な業務や資本提携、貴重なノウハウをもつ労働者の不安定雇用への放置が、どれほど行われてきたことでしょうか。こうした公共財は私たち全員のものです。それらは公益のために法律で保護されなければなりません。

▼鍵となる施策

過去に行われた民営化部門（空港、高速道路、宝くじなど）を再び公営化します。

・公益目的の工場や企業には、国家の徴用権を実質的なものにします。
・官民連携（PPP）[1]の一時停止（モラトリアム）を法令として布告し、進行中のものを会計監査し、これまで官民連携を可能にしてきた法的措置を廃止します。
・アルストム社[2]、アルカテル社[3]、エアバス社[4]といった花形企業の過去30年間の優遇税制措置、民営化、売却について総合評

価を行う特別任務団を創設し、容疑者の取り調べと未決勾留を可能にします。

・刑法で規定されているように、「国家の基本的利益」[5] に属するフランスの産業資産の毀損を訴追します。

・株主配当を行ったり国庫補助を受けたりしている企業には、株取引や経済的理由による解雇を禁じます。

---

2. 金融界を規則に従わせます

　　金融は 2008 年〔リーマン・ショック〕に実体経済を崩壊させました。国家すなわち納税者によって救済されたにもかかわらず、銀行は悪弊を改めませんでした。さらに悪いことに、新型コロナ感染症の危機が EU にそれまであったわずかな規制を緩和する口実に使われたのです。

▼鍵となる施策

金融取引に課す実質的な課税を創設します。

・大企業向けの大口金融業務と個人・中小企業向けの小口金融業務 ^リテール・バンキング を切り離します。

・資本の移動をコントロールします。

・有害で不必要な金融デリバティブ[6] 商品を特定して禁止します。そしてレバレッジ[7] と法外な株主還元を制限します。

・LBO[8]（借入による企業買収）を、従業員による会社の買収手続きに限定します。

---

3. 公益に貢献する銀行へ

　融資は経済にとって必要不可欠なものであり、将来の活動の基礎となるものです。そのため、銀行は公益を追求する使命をもっていなければなりません。社会的・エコロジー的に有用なプロジェクトに資金を振り向けることが重要です。また、通貨は民主的に発行され管理される共有財産でなければなりません。

▼鍵となる施策

公的銀行センターを創設します。

・社会的・エコロジー的な規準にもとづく零細企業（TPE）への融資と、公共予算への資金供給のために、総合銀行を国営・共有化します。
・公共投資銀行 BPI に銀行免許を与え、欧州中央銀行 ECB からの融資を可能にします。
・銀行が社会に与える経済的・社会的・エコロジー的コストの監査を実施します。
・化石燃料への投資に大きく傾いた資金の流れを一掃します。

・中小企業と大企業の間で社会保障への貢献を連帯的に分割できる
　ように、規模に応じた負担を財源とする企業間均等化基金を創設
　します。

---

4. 実体経済を投機から守ります

　株主は、社会権を犠牲にして、またとくに環境にかんする生産条件を犠牲にして、持続不可能な収益率を要求します。彼らは、長期的な時間を基盤にした人間の活動やエコロジー的な緊急の要請に対して、短期的な利潤の観点から絶対的権力をふるいます。私たちは金融に対する権力を取り戻すことで、こうした投機家たちの行動から実体経済を守らなければなりません。

▼鍵となる施策

人類の進歩の新しい指標を確立し、経済を、安楽な暮らし（健康、教育など）の目標や基準の達成に役立てます。

・フランス国内への投資を促進し、法外な配当金の支払いには重く
　課税するなど、利益の用途に応じて法人税を調整します。
・企業が利益以上の配当金を支払うことを禁止します。
・企業の株価がリアルタイムで継続的に変動するシステムに終止符
　を打ち、株主の議決権を企業との関わりの長さに応じて調整します。

---

5. 自由主義者の脅迫を拒否——公債を取り消します

公債は、緊縮財政や民営化を正当化するための口実に使われています。しかし、国家は負債よりも多くの資産を保有しています。すべての子どもは 1 万ユーロ〔約 160 万円〕以上の公的資産をもって生まれてくるのです。より良い生活を送るための資金は現に存在するのであり、欧州中央銀行 (ECB) の行為によって、私たちは自由主義者の脅迫から逃れることができるのです。また私たちは、短期的には本当に危険な民間債務の問題にも取り組まなければなりません。

▼鍵となる施策

欧州中央銀行 (ECB) が保有している各国の国債を、ゼロ金利の永久債に転換するよう欧州連合に要求します。

- 金融市場で流通している公債を欧州中央銀行に買い戻させます。
- 公債を金融市場の手から切り離すため、国庫の回路[9]を復活させます。
- 公債の違法部分を特定し、交渉による再構築を準備するために、市民監査を実施します。
- 社会保障の会計から新型コロナ感染症による負債を外します。
- 中小企業 (TPE ／ PME) がパンデミック時に契約した、経済活動を停滞させる私的債務や、完全有機農業に転換した人々の農業債務を引き受ける不良債権処理金庫を設立します。

6. 税制革命を起こします*1

　富裕層の代弁者であるマクロン大統領は、もっぱらフランスの税制の不公平を悪化させ、富裕層のための新たな税制特権をつくり出してばかりいます。「黄色いベスト」運動はそれに対する警告なのです。私たちの税制は明確で公平な基盤の上に、累進性の原則——稼げば稼ぐほど公益に貢献する——を適用して、完全に見直されなければなりません。

▼鍵となる施策

所得税の累進性を高め、現在の 5 段階から 14 段階に変更します。

---

*1　フランス人の 68％が、手取り月収 4,000 ユーロ〔約 64 万円〕以上の人の所得税を引き上げ、それ以下の人々の所得税を減らすことに賛成しています（ハリス・インタラクティブ，2021 年 7 月の世論調査）。

　フランス人の 86％が、グーグル、アマゾン、フェイスブック、アップルに対して現在よりも多くの税金を課すことに賛成しています（ハリス・インタラクティブ，2021 年 7 月の世論調査）。

　フランス人の 79％が、今回の公衆衛生危機に際して、大企業があげた「余剰利益」つまりそれまでの数年と比べて例外的な利益に対して、特別課税することに賛成しています（ハリス・インタラクティブ，2021 年 5 月の世論調査）。

　フランス人の 78％が、富裕連帯税（ISF）の復活に賛成しています（「ユマニテ」Ifop、2021 年 5 月の世論調査）。

・中小企業と大企業の課税における平等を確立するために法人税を抜本的に見直し、実質利益とその使途に応じた累進制を導入し、株主配当ではなく投資を奨励します。
・富裕連帯税（ISF）[10]を復活・強化します。それには、大規模汚染者に課税することを目的とした気候的側面を含みます。
・フラット・タックス制[11]を廃止し、資本所得に労働所得と同様の課税を行います。
・社会保障税（CSG）[12]を14段階の累進性とします。
・巨大資産への相続税を引き上げるために、生涯を通じて受け取ったすべての贈与と相続を計算に加え、新たに最高相続額を1,200万ユーロ〔約19.2億円〕（すなわち純資産額の中央値の100倍）に設定します。
・基本的必需品に対する付加価値税〔消費税〕を引き下げます。その財源として「贅沢品付加価値税」[13]を再導入します。
・それぞれの免税について実態を評価し、不公平なもの、社会的に効果がないもの、生態系に有害なものを排除します。残りの免税については、「減税」を「税額控除」に変え、所得にかかわらず誰もが平等にこれらの財政的インセンティブの恩恵を受けることができるようにします。
・脱税とたたかうために、企業（フランス国内で実際に行われている活動を課税対象とする）および個人の所得に対する普遍的な課税を導入します。
・エマニュエル・マクロンが廃止した出国税[14]を復活させます。
・公衆衛生の危機を利用して利潤を上げた企業に課税し、復興とエコロジカルな方向転換に必要な投資資金を調達します。

・固定資産税をすべての人が実質的な総資産額に応じて負担するよう累進制に再構築します。
・男女間の賃金格差を助長する家父長的制度である夫婦係数[15]を廃止します。また現在の不公平な家族係数[16]にかわって、すべての家庭が受けられる子ども1人当たりの税額控除を導入します。
・不正行為や脱税とのたたかいを優先させます。そのために必要なあらゆる人員と予算をつぎ込みます。EU間や国際間の交渉で妨害された場合は、フランスが一方的に決定を下します。
・税務上の不正行為があった場合、脱税した企業による罰金の減額交渉を可能にする司法公益協定を廃止します。
・脱税を行ったホワイトカラー犯罪者に対して起訴数を増やし、厳罰化します。

---

7. 相互扶助社会をつくります
──社会的・連帯的・協同的経済を一般化します

　金融業界による略奪と株主たちの独裁に対して、それとは異なる経済が可能です。すでにそれは現実に存在し、何十万もの企業と何百万もの雇用を生み出しています。私たちはそれが自由主義経済に代わるものになるように、政策を提案します。それは個人による専制を集団の審議と議決に置き換え、押しつけられた労働を解放的な労働に置き換え、盲目的な生産を有用な生産に置き換えるこ

とです。**資本主義は民主主義を受け入れることができないのだから、置き換えましょう。**

▼**鍵となる施策**

社会的連帯経済（SSE）[17]を普及させます。

・社会的連帯経済（SSE）が資金調達と公共調達に参加できることを保証します。
・市民、利用者、従業員、官民のパートナー間で責任を分有する共同サービスを拡大するために、社会的共通益協同組合（SCIC）[18]と生産協同組合（SCOP）[19]の拡大を奨励します。
・市民ＮＰＯや民衆教育を実践する人々に権限と資金を再び与えます。
・個人事業主という税務上の身分に反対し、さまざまな形の共働を広げるために、活動・雇用協同組合（CAE）[20]を広めます。

8. 貧困を撲滅します[*2]

　1,000万人の貧困層、30万人のホームレス、延々と続く食料配給の列、そして爆発的に増加する「積極的連帯手当」（RSA）の受給者数。このひどい状況をこれ以上続けるわけにはいきません。私たちは、誰もが働いた分の給与を受け取ることができる完全雇用の社会をつくります。〔私たちが政権についたら〕最初から、極度の貧困を撲滅するための緊急プランが実施されます。

▼鍵となる施策

誰一人として生きる尊厳を奪われることのないよう、自立の保証を創出します。各人の月収が単身者の貧困ライン（1,102ユーロ〔約17.6万円〕）に達するようにします。

・受け入れ場所（現在10万人分と推定されている）の倍増、対応措置の簡略化によって、ホームレスゼロの目標を達成します。
・最も必要な食料品の価格を統制します。
・多重・過重債務を背負った世帯のローンを組み直し、すべての人が基本的な銀行サービスを実質的に利用できるようにします。
・銀行の手数料に上限を設けます。

---

*2　フランス人の86％が、銀行の手数料に上限を設定することに賛成しています（ハリス・インタラクティブ、2020年6月の世論調査）。

・手続きの簡略化によって社会権・市民権が受けられないことがないようにします。
・生理用品の無料提供を保証します。

---

9. 若者の自立を築きます

若者は今回の公衆衛生危機の第一の被害者です。食料援助を求める人々の長蛇の列は、飢えに苦しむ彼らに積極的連帯手当（RSA）を支給することを拒否した政府に、打ち勝つことができませんでした。家族のサポートが、まったく不十分な公的支援の代わりをつとめてきましたが、就職や進学の機会などで出身家庭の階層による不平等が拡大しています。今こそ、これまでの遅れを取り戻し、若者に自立の条件を保証すべきときです。

▼鍵となる施策

税制上親世帯から離れた若者の自立のために、単身者で貧困ライン（1,102ユーロ〔約17.6万円〕）を上回る金額を融資します。

・若者の失業（同学歴・資格をもつ上の年代の人々の3倍）をなくすために、非営利、公共部門に5年間の「特定若年雇用」を導入します。
・とくにインターンシップの手当を増やし、経営者団体と交渉して、偽装された有期雇用契約（CDD）の慣習に終止符を打つために、

インターンシップに開かれたポストを増やします。それによって学生の不安定な状況を改善します。

・市民奉仕制の枠組みのなかで、すべての若者に健康診断と読み書き・計算能力の評価を提供し、必要に応じてレベルアップを図ります。また無料で運転の教習と運転免許取得の機会を提供します。

---

10. 居住の権利を保証します[*3]

なぜフランスは、100万人近くに住居がなく、400万人が劣悪な住宅環境で暮らし、1,200万人が住宅に関する問題で脅かされているという状況に陥ったのでしょうか。

自由市場では人々のニーズに応えることはできません。居住の権利が踏みにじられているのです。とくに多くの人に手が届く住宅を建設することによって、この権利を実質的なものにするよう具体的に行動することが、私たちに委ねられているのです。

[*3] フランス人の75%が、1㎡あたりの最大家賃を設定することに賛成しています（ハリス・インタラクティブ、2021年7月の世論調査）。

フランス人の87%が、暖房などエネルギーを充分享受できない状況に対抗するために、国による建物の断熱計画に賛成しています（ハリス・インタラクティブ、2021年7月の世論調査）。

社会住宅などへの転居をともなわない賃貸住宅の立ち退きを禁止します。

- 借主と貸主の双方にとって家賃未払いに対するセーフティネットになるように、普遍的な家賃保証制度を確立します。
- 年間 20 万戸の公共住宅を、最も厳しい環境基準（RE2020[21]、エナジープラス建築[22]）で、5 年間建設します。
- 全国で家賃を規制し、大都市では家賃引き下げを実施します。
- 都市における社会住宅の割り当て（SRU 法）[23]を 30％に引き上げ、法律を遵守しない自治体に対する罰金を増額します。
- 劣悪な住居をなくすための財源として、高額な不動産取引に累進課税を行います。
- 「熱のザル」住宅の改修を、賃貸する前に義務づけます。
- 劣悪な不健全住宅をなくします。フランス全土で「賃貸許可証」を義務化し（公的機関による事前許可）、大規模な住宅改修計画を開始します。
- 低家賃社会住宅（HLM）への公的補助を復活し、社会住宅における新賃貸契約の際の家賃値上げを避けます。
- 空き住居を徴用し、適正な住宅の基準を尊重した条件で市場に戻します。
- 短期賃貸（AirBnB 型の）を居住中の持ち家に限定し、期間を限定することで住宅投機に対抗します。
- 専門的な地域公共サービスを創設して、トコジラミ〔南京虫〕の予防と駆除のための緊急対策計画を立ち上げます。

・新たな脅威に対処できるように洪水リスク対策計画を改訂し、洪水と海面上昇の脅威にさらされた建物からの転居を支援する基金を創設します。

　　　　よく生きるために力を合わせます

〔1〕官民連携（PPP）：国家・地方公共団体・公的法人と民間機関のあいだの長期的な取り決め。通常、民間資本が政府のプロジェクト（公共インフラが多い）に資金を提供し、その後公的機関から収益を得る。より質の高い公共サービスを提供するために、民間セクターの技術を導入する手段だと考えられているが、長期的な費用対効果が低いこと、民間が税制に関与することなどに批判が集まっている。

〔2〕アルストム（Alstom）：鉄道車両製造、通信・信号・メンテナンスなど、鉄道に関連する総合技術とソリューションを提供するフランスの多国籍企業。鉄道車両メーカーとして世界2位のシェアをもつ。

〔3〕アルカテル社（Alcatel Submarine Networks）：海底ケーブルの製造、設置の世界的企業。フランスの企業だが、2016年以来ノキアグループに属している。

〔4〕エアバス社（EADS）：航空機の設計、製造、販売を行うヨーロッパの多国籍企業。防衛部門、宇宙部門、ヘリコプター部門がある。旅客機メーカーとしては世界最大。

〔5〕国家の基本的利益（intérêts fondamentaux de la nation）：「国家の基本的利益とは、国家の独立、領土の保全、安全保障、共和制の諸制度、防衛および外交の手段、フランス国内および国外における住民の保護、自然環境の均衡、科学的・経済的潜在力の本質的要素ならびに文化的遺産をいう」（刑法410-1）。

〔6〕金融デリバティブ商品：株式、債券、為替などの原資産と呼ばれる金融商品の変数値（株価指数などの指標）によって価値が決められる派生的商品。将来の売買について現時点で約束をする先物取引や、将来売買する権利をあらかじめ売買するオプション取引、スワップ取引のほか、これらを組み合わせた多様な商品がある。本来、価格変動のリスクを回避するために行う保険契約だが、ここ半世紀、投機の対象として数多くの事件を引き起こしてきた。

〔7〕レバレッジ：「てこの原理」の意味で、借入を利用して自己資金の収益を高める効果を意味する。例えば、委託保証金率30％の信用取引では、

売買代金の 30％の委託保証金を差し入れることで取引が可能となる。当然、大きな損失を出すリスクも高くなる。

〔8〕LBO（Leveraged Buyout）：買収対象企業の資産価値や将来収益性を担保に金融機関から融資を受けるなどして、買収資金を捻出すること。

〔9〕国庫の回路（Circuit du Trésor）：1940 年代から 1960 年代にかけてフランスが用いた資金調達方法。国は準公的金融機関に公債を引き受けさせることによって、必要な短期資金を容易に調達できる。

〔10〕富裕連帯税（ISF）：1981 年の社会党の選挙綱領「フランスに対する 110 の提案」の 1 つで、1982〜1987 年は「巨大資産税」と呼ばれた。「富裕連帯税」は 1989 年に導入されたがマクロンが廃止を選挙公約とし、2018 年に不動産税（IFI）に置き換えられた。130 万ユーロ〔約 2.4 億円〕を超える不動産をもつ人々に毎年課される直接富裕税。

〔11〕フラット・タックス制：累進課税と異なり、税率を一律にした税制。フラット税、一律課税、均等税とも訳される。税務手続きの簡素化、課税ベースの拡大などの利点がある反面、富の再分配が行われずに格差が拡大するという欠点がある。2001 年、ロシアのプーチン大統領が導入した結果、脱税が減り税収が大幅に増えたため、各国が導入を実施または検討している。日本の自治体はフラット・タックス制である。

〔12〕社会保障税（CSG）：1991 年の財政法によって創設された、社会福祉の財源を賄うための税で、勤労所得、代替所得（退職年金、失業給付など）、不動産所得、投資所得に対して課税される。

〔13〕贅沢品付加価値税（TVA grand luxe）：付加価値税の標準税率を現行の 20％から 19.6％に引き下げ、基本的必需品を 5％に引き下げる一方で、「キャビア、ヨット、宝石、金塊、化粧品、香水、美術品、自家用ジェット機、高級車」などは 33％に引き上げるとされている。

〔14〕出国税（exit tax）：出国税あるいは国外転出時課税制度とは、国外転出をする居住者が一定以上の有価証券等を所有している場合、有価証券等の含み益に所得税を課税する制度。個人が株式等を保有したまま出国し、キャピタルゲイン非課税国（たとえばシンガポールや香港等）において売却することによって課税を回避することを防止するために設けられた。

〔15〕夫婦係数（quotient conjugal）：結婚また民事連帯協約（パックス）を結んだカップルが、所得の高いパートナーの所得と低いパートナーの所得を合わせて 2 分することによって税率を下げられる税制上の優遇措置。配偶者控除。

〔16〕家族係数（quotient familial）：一般税法（CGI）第 193 条による、課税所得を納税者の扶養家族の数によって分割できる税制上の優遇措置。扶養家族控除。

〔17〕社会的連帯経済（SSE）：2014 年 7 月 31 日の法律（2014-856）によって制定された社会的企業の制度。協同組合、相互組合、協会または財団の形態で組織され、その内部運営と活動が連帯と社会的有用性の原則に基づいた企業。民主的で参加型の経営手法を採用し、個人的な利益は禁止され、利益は再投資される。

〔18〕社会的共通益協同組合（SCIC）：2002 年法によって設置された社会的企業の制度。現在は社会的連帯経済（SSE）の一形態として位置づけられている。その目的は、社会の公益に適う商品やサービスの提供（例えば育児用品の販売、地産品や無農薬食品の販売、障がい者や高齢者へのケアサービスの提供など）でなければならない。この制度に則ることによって銀行からの融資や政府補助金を得ることができる。

〔19〕生産協同組合（SCOP）：通常の会社法に則った企業であるが、従業員が企業経営に直接関わる点、利益は共同経営者、従業員、会社の三者で分割する点などが異なる。建設・公共事業関連、食品や農業、園芸関連、物的サービス、知的文化的サービスなどに広がっている。

〔20〕活動・雇用協同組合（CAE）：2014 年の社会的連帯経済（SSE）法によって定められた、企業の従業員が起業することを可能にする制度。起業する企業は、社会的共通益協同組合（SCIC）か生産協同組合（SCOP）に限られる。

〔21〕RE2020：2020 年に始まった建築部門におけるフランスの環境規制。建築物のエネルギー効率を高めるための継続的かつ先進的な取り組みの一環。熱規制だけでなく、建物の設計、快適性、エネルギー消費、資源要求の面で高い性能要件を定めている。フランスでは、建築部門がエネルギー消費の 44%、CO_2 排出量の 25% 近くを占めている。

〔22〕エナジープラス建築（bâtiments à énergie positive）：自らが消費するエネ

ルギーよりも多くのエネルギーを再生可能エネルギー源から生成する建築。太陽光発電などのマイクロジェネレーション技術と、低エネルギー建築技術の組み合わせによる。

〔23〕SRU法：2000年12月13日の法律第2000-1208号「都市の連帯と再生に関する法律」は、フランスの都市計画と住宅に関する政策を根本的に変えた法律であり、ジョスパン政権下で採択された。同法の第55条は、都市と市街地あるいは15,000人以上の自治体がある5万人以上の自治体間協力公施設法人に属する人口3,500人以上の自治体（パリ・近郊では1,500人以上）の自治体に、少なくとも20％の社会住宅を提供することを義務づけた。この割合は、2013年1月18日に25％に引き上げられた。

人と社会を人間的なものにします

「われわれは、おまえを天上的なものとしても、地上的なものとしても、死すべきものとしても、不死なるものとしても造らなかったが、それは、おまえ自身のいわば『自由意志を備えた名誉ある造形者・形成者』として、おまえが選び取る形をおまえ自身が造り出すためである。」

　ジョヴァンニ・ピコ・デッラ・ミランドラ
　『人間の尊厳について』、1486年[1]

「私は人類に対して野心をもっています。人間的な虚栄心が消え去るほど、すべての人が芸術家であり、詩人であってほしいのです。」

　ルイーズ・ミシェル
　セーヌ重罪院における口頭弁論にて、1883年6月22日

　自分の生き方を選択する自由は普遍的な願望です。すべての人がこの尊厳を取り戻さなければなりません。一人ひとりの人間に、知識、スポーツ、文化へのアクセスを通じて、自らの人生を作り上げる可能性が与えられなければな

らないのです。人間第一が私たちの羅針盤でなければなり
ません。それが、私たち一人ひとりの解放の条件なのです。

訳注 ─────────────
〔1〕ジョヴァンニ・ピコ・デッラ・ミランドラ『人間の尊厳について』大出
哲・阿部包・伊藤博明訳、1985年、国文社、17頁。

第9章
平等

1. 男女平等を実現します[*1]

　この最も古く、最も残酷な不平等の歴史は、人類の黎明期にさかのぼります。そのときから人類は、男女の役割に関する信条を発展させてきました。この分担は、たいていの場合女性に不利に作り上げられたものでした。あらゆる場所で、自称権力者は、公共の場であれ家庭内であれ、暴力によって強制的に女性を役割分担に従わせようとしてきました。この家父長制は、人類発展の障害になっており、人口の半数の人々の夢や願望、活動を制約し、すべての人に対する恩恵を妨げています。

▼鍵となる施策

女性に対する性差別と暴力に対抗する法律を採択し、さまざまな NPO が要求している予算 20 億ユーロ〔約 3,200 億円〕[1] をとくに警察官・憲兵の研修と被害者の宿泊所などのために割

[*1]　フランス人の 77％が、性暴力、性差別主義暴力の撲滅のための 10 億ユーロ〔約 1600 億円〕の計画に賛成しています（ハリス・インタラクティブ、2021 年 7 月の世論調査）。

り当てます。

- 政治組織、行政組織、経済団体、労働組合、ＮＰＯに男女均等制〔アソシアシオン　パリテ〕を義務づけます。
- 男女同一賃金を遵守しない企業に対する金銭的・懲罰的制裁（罰金や公共契約の拒否）を強化します。
- プランニング・ファミリアル[2]を強化します。
- 法律婚か民事連帯協約（PACS）[3]かを問わず、すべてのカップルに養子縁組の機会を広げます。
- 女性が8割を占める、望まないパートタイム労働をなくすことをめざします。
- 育児休暇[4]の期間を延ばし、パートナー双方とも同一の期間にします。
- 更年期ホルモン治療に保険を適用します。
- 公共交通機関における性的ハラスメントや性的暴行防止のための計画を実施します。
- 人工妊娠中絶（IVG）[5]の適法期限を14週〔最後の月経開始から16週〕に延長し、医師の二重良心条項[6]を撤廃します。
- 性売買を廃止し、個人の尊厳を保障します。

2. 自由と個人の解放の新たな進展を確立します[*2]

　自分の人生を選択する自由は、すべての人の基本的権利です。私たちの法律はこの権利を保障しなければなりません。第6共和政とその憲法は、人間解放の新たな段階に向けて、市民的・集団的にも個人的にも新たな権利をもたらす機会となるでしょう。

▼鍵となる施策

人体の売買禁止と、あらゆる状況での自己決定の基本権を憲法で保障します。

・避妊と人工妊娠中絶（IVG）[7]の権利の保障、尊厳死（幇助を含む）[8]の権利の保障、緩和ケアへのアクセスの保障を憲法に追記します。
・身分変更を無料で自由に、民事登記官の前で行えるようにします。
・認知による親子関係を標準の原則とし、生殖補助医療（PMA）に社会保障を適用し、トランスジェンダーの人々も利用可能にします。代理母出産（GPA）を拒否し、あらゆる状況において子ども

[*2]　フランス人の66％が、同性愛者を異性愛者になるよう説得する性的指向の転換治療の禁止に賛成しています（ハリス・インタラクティブ、2021年7月の世論調査）。
　フランス人の78％が、安楽死（医療スタッフが始動させる）の合法化に賛成しています（ハリス・インタラクティブ、2018年1月の世論調査）。
　フランス人の69％が、フランスにおける幇助自殺（本人が始動させる）の合法化に賛成しています（ハリス・インタラクティブ、2018年1月の世論調査）。

の利益の優先を第一原則とします。

・LGBTI の人々に対する暴力の根絶計画を実施します。

・同性愛者に性的指向の転換を促す治療を禁止し、規制します。

---

3. 人種差別やさまざまな差別を拒む普遍主義的な共和国*3

共和国において諸権利の普遍性は譲れないものです。「自由、平等、友愛」のプログラムを支持する人はすべてフランス人であり、市民であり、したがって平等です。これこそが、フランスがクレオール化された国であること、各個人が他者との関係のなかで豊かになることを可能にしているのです。この法律上の原則を真の現実にする必要があります。法的にも事実上でも、あらゆる分野で平等を進展させなければならないのです。

▼鍵となる施策

さまざまな差別に対する包括的な行動計画を実施します（雇用、住居、教育、健康など）。

---

*3　フランス人の 61％が、治安部隊が職務質問後に市民に身分検査証明書を発行する制度の導入に賛成しています（ハリス・インタラクティブ、2018 年 1 月の世論調査）。

- フランスで生まれた子どもすべてに完全な生地主義[8]を保証し、フランス国籍取得を容易にします。
- 平等庁を創設し、差別監視機関、および公共サービスや控訴院のなかに専門部署を設置します。
- 治安部隊〔憲兵隊・警察〕の職務質問の際に身分検査証明書を導入します。これは見た目による身分検査〔黒人・アラブ系が頻繁に職務質問を受ける〕を防ぐためです。それにともなって警官・憲兵の職務訓練、適切な執行の監視、不正に対する懲罰のシステムを設けます。
- 各海外県・地域圏／海外自治体の記念日に加えて、2月4日[9]を奴隷制の犠牲者とその闘争を記念する国民の祝日として制定します。
- 植民地独立戦争に関するアーカイブを公開します。
- いわゆる「分離主義防止法」[10]を廃止します。
- 地方選挙における外国人の投票権を確立します。

4. 自立の難しい人々に社会全体で向きあいます[*4]

　誰もが尊厳ある老後を送る権利をもっています。これは人間の文明にとっての主要課題です。フランスの高齢者とその世話をする——大多数は女性の——労働者に対する、制度的——政府によると言わないとしても——虐待にもとづく現在のモデルから脱却しなければなりません。数十万人もの雇用を、要介護高齢者入所施設 (EHPAD) [11] だけで少なくとも 21 万人の雇用を創出する必要があります。そのためには給与、地位、労働条件の改善が必要です。労働条件は介護と保健衛生の手順書（プロトコル）に対応したものでなければなりません。世界第 7 位の経済大国であるフランスにおいて「制度的虐待」という語が存在してはならないのです！

▼鍵となる施策

高齢者がなるべく在宅で介護を受けられるよう支援するために、公的介護サービスを確立します。

・一律で利用しやすい料金の老人ホームの公的ネットワークを築きます。

[*4] フランス人の 86％が、高齢者の在宅介護に特化した公共サービスの創設に賛成しています（ハリス・インタラクティブ、2021 年 7 月の世論調査）。

・5 年間、毎年、公立の要介護高齢者向け入居施設（EHPAD）の入居スペースを 1 万人分設けます。そして資金調達モデルを見直し、物的・人的手段を増やします。

・必要十分な数のスタッフを養成し、資格を与え、採用します。入居者の「ベッドサイドケア」に配置されるスタッフの最低比率を守ることができるように、少なくとも 21 万人を確保します。

・給与体系と資格を見直すことによって、訪問介護と施設介護のスタッフ全体の待遇を改善し収入を引き上げ、職業の地位を高めます。

5. 障がいがある人々の自立を妨げるものを 取り除きます*5

　2005年2月11日に「障がいをもった人々の権利と機会の平等、参加と市民権に関する法律」が成立してから15年以上たった現在も、障がいのある人々は学校、公共サービスへのアクセスなど日常生活のあらゆる場面で多くの障害物に直面しています。政府が成人障がい者手当(AAH)[12]を配偶者の所得に関係なく支給することを拒んでいるのは、彼らの自立の保障を拒否していることにほかなりません。実現が伴わない口先だけの演説はやめて行動に移りましょう。

▼鍵となる施策

配偶者の収入に関係なく成人障がい者手当（AAH）を支給し増額することによって、障がい者の経済的自立を保障します。

・聴覚障がいや難聴の子どもが知識や職業訓練に実際にアクセスできるように、フランス語とフランス語手話（LSF）のバイリンガルコース（幼稚園から高校まで）を増やします。

---

*5　フランス人の76%が、配偶者の収入に関係なく、それぞれの障がい者に成人障がい者手当（AAH）を支給することに賛成しています（ハリス・インタラクティブ、2021年7月の世論調査）。

・障がい者の就業環境への適応をサポートする資金を持続的に提供します。
・障がいのある児童の受け入れ・支援能力を高めるため、随行サポートスタッフに正規職の地位を与え、募集を行います。
・バリアフリー、障壁に対するゼロ・トレランス、すなわち移動や日常生活における障害物をゼロにします。市長に代わって知事が、バリアフリーのための工事を課すこと、法律を遵守していない民間の施設を閉鎖すること、公共交通機関にバリアフリー計画を課す権限を行使できるようにします。

〔1〕 原文は 10 億ユーロ。事態がますます悪化しているので増額した。2023
年の NPO の要求額は 26 億ユーロ（約 4 兆 1,600 億円）。

〔2〕 プランニング・ファミリアル（Planning familial）：フランスのフェミニス
トたちによる大衆教育運動の全国的ネットワーク。60 年にわたって「女
性と男性の平等と、計画外の妊娠や性感染症のない充実したセクシュアリ
ティを生きる可能性」を求めて、性教育、避妊、中絶の権利、男女平等の
権利、ジェンダーや性的指向に関連した暴力や差別とたたかうキャンペー
ンを行っている。全国 72 の団体・拠点で女性を受け入れ、避妊と中絶の
援助、セクシュアリティ関係の健康相談などの活動を続ける。

〔3〕 民事連帯協約（PACS）：1999 年 11 月 15 日にフランスで民法改正によっ
て施行された、「異性あるいは同性の自然人たる 2 人の成人による共同生
活を組織するために行われる契約」。当事者自身が相互の権利と義務の関
係を決めて契約書を自由に作成し、それを裁判所に提出して公証してもら
うことにより、当事者だけでなく第三者にもその効力を発生させる。1990
年 5 月にメランションが提出した「民事パートナー」法案が発端だとされる。

〔4〕 育児休暇（congés parentaux）：フランスの産休制度は、母親が産前に 6 週
間、産後 10 週間。2021 年の改正で、父親の産休も 28 日（双子以上は 32 日）
までに増え、うち出産日から 3 日間とそれに続く 4 日間の取得が義務づけ
られた。育児休暇は 3 年間取得できるが、有給期間が 6 ヶ月間なので、無
給期間の取得率は高くない。

〔5〕 人工妊娠中絶（IVG）：2021 年 12 月に外科的中絶（真空吸引法）が妊娠
14 週の終わりまで（日本は 21 週の終わりまで）、経口中絶薬による中絶
が妊娠 7 週の終わりまで延長された。2022 年 3 月 2 日の中絶の権利を強
化する法律以来、医療機関において助産師が外科的方法による中絶を行う
ことが試験期間の後に 2023 年 12 月の政令（2024 年 4 月に修正）によっ
て可能になった。中絶の費用はすべて健康保険でカバーされる。中絶を妨
害する行為は 2 年以下の懲役及び 3 万ユーロ〔約 480 万円〕以下の罰金。
未成年者は原則として親あるいは法定代理人の同意が必要であるが、医療
機関からの説明を受けても秘密を守りたい場合には親の同意は不要になっ

た。IVG の自由は 2024 年 3 月、第 5 共和国憲法に記された（訳注〔7〕参照）。

〔6〕二重良心条項（double clause de conscience）：1975 年に中絶を合法化したヴェイユ法が定めている「医師や助産師は、自発的な妊娠の中断を実施する義務を負わず、助産師、看護師、医療補助者は、これを支援する義務を負わない」（ただし緊急の場合を除く）という条項を指す。医師はもともと自分の信条から医療行為を拒む権利があるが、本条項はさらにその権利を確認していることから「二重」と呼ばれる。状況によっては妊婦の生命・健康を危くする危険があることなどから議論の対象になっており、2021 年 12 月の国民議会で削除が検討されたが否決された。

〔7〕人工妊娠中絶 IVG の憲法への表記：「服従しないフランス」は 2022 年 11 月、IVG と避妊の権利を憲法に記す法案を国民議会に提出して可決された。続いて緑の党 EELV が同法案を元老院に提出したが否決されたため、権利ではなく「自由」と表現を換えて再度提案し、2023 年 2 月に可決された。そこで 2024 年 3 月 4 日、政府が「IVG の自由」を記す改憲案を両院の合同議会を招集して提案し、採択された。同年 3 月 8 日にそれが発効し、フランスは人工妊娠中絶の自由を憲法に記した世界で最初の国になった。

〔8〕尊厳死（mourir dans la dignité）：フランスでは医師の薬物投与による「積極的安楽死」や自殺幇助は禁止されているが、世論調査では約 8 割が合法化に賛成している。2016 年のクレス＝レオネッティ法により、苦しみが耐えがたいレベルにあると医師が診断を下した患者のみ、薬によって深く継続した鎮静状態におき、流動食と水分供給を中止して、人工的な延命治療を中止すること（尊厳死）ができるようになった。マクロン大統領は、2023 年春に国民投票あるいは議員投票によって安楽死・尊厳死を法制化すると予告し、市民公会の開催（2022 年 3 月〜23 年 4 月）を経て、2024 年 4 月に国会に提出された。5 月末以降本会議で討論の予定。

〔9〕生地主義（droit du sol）：フランスは生地主義と血統主義の両方を採用している。両親が外国人でも子どもがフランスで生まれて 11 歳から 5 年以上居住しており、18 歳に達したときにフランスに居住していれば自動的に国籍を取得できる（生地主義）。また父母のどちらかがフランス人であればフランス国籍を取得できる（血統主義）。

〔10〕2月4日：1794年の同日（革命暦 雨 月 16日）、議会においてフランス植民地における奴隷制を廃止する政令が決議された。革命初期の議会は、ラ・ロシュフーコーを除いて、1789年8月4日の「封建的特権の廃止」令を奴隷に適用することに後ろ向きだった。その後1793年9月4日にサン゠ドマング（現在のハイチ）で共和国委員が自ら辞職して奴隷の自由を宣言するなど、植民地での闘争が続いたことによってこの政令が成立した。ただこの政令が適用されたのはグアドループと仏領ギアナだけで、1802年には第一執政官ナポレオンによって廃止された。

〔11〕分離主義防止法（loi contre le séparatisme）：2021年8月24日に制定された共和国の原則尊重を強化するための法（CRPR法）は、ライシテをはじめとする共和制原則の尊重を強化することによって、地域社会の後退とイスラム過激派の伸長に対抗することを目的としている。そのため分離主義の罪、家庭教育の枠組み、結社に対する共和国的誓約、ネット上のヘイトとのたたかい、宗教宗派の透明性の向上などを定めている。しかし、実はイスラム教徒・団体、イスラム系移民・フランス人の共和国からの「分離主義」を疑い、規制強化を狙ったものだと批判されている。

〔12〕要介護高齢者向け入居施設（EHPAD）：高齢者向けの居住型ケア施設の総称。福祉系の施設としては自立した生活を営める高齢者用の住居施設である老人アパート（logements-foyers）や、日常生活援助や食事の提供など高齢者のニーズ全般をカバーする老人ホーム（maison de retraite）、保健医療系の施設としては、高齢者に限らず生活上自立することが困難で医療ケアが必要な状態の人を対象とする長期療養施設（USLD）などがある。

〔13〕成人障がい者手当（AAH）：フランスでは、障がい者に対する所得保障の仕組みとして、社会保険の形をとる障がい年金と、社会手当の形をとる成人障がい者手当とが重要な役割を果たしている。後者は前者を補って最低所得保障を目指すもので、結果として無保障の障がい者を生まない制度になっている。障がい度が80％未満の人の給付額は、配偶者がいる場合は配偶者の所得などによって変わり、AAHを受けられない障がい者もいる。

第 10 章
解放

1. 芸術と文化における路線変更
——人類の進歩という公的な役割のために[*1]

　文化、芸術と芸術関係者は、〔新型コロナ感染症による〕保健衛生の危機のあいだ「必須ではない」ものという地位に追いやられ、何ヶ月にもわたって政府からないがしろにされてきました。任期5年間で唯一の施策である「文化パス」[1]は、エマニュエル・マクロンの文化・芸術に対する完全に商業主義的なものの見方を象徴しています。あらゆる人を文化にアクセスさせる道は商品券の配布ではありません！　逆に私たちは、芸術と文化のための精力的な公共政策を守ります。全国で、私たち一人ひとりが自己表現し、関わり、世界との感性的で批判的な関係を発展させる能力をもてるような政策です。そのためには

[*1]　フランス人の76％が、著作権を未来のアーティストへの融資に使うことに賛成しています（ハリス・インタラクティブ、2021年7月の世論調査）。
　フランス人の76％が、作家や芸術家に給与労働者と同等の権利を与え、専用の社会保障制度を導入することに賛成しています（ハリス・インタラクティブ、2021年5月の世論調査）。

芸術分野で働く人々を信頼する必要があります。他者性と解放に向かうベクトルそのものである芸術と文化は、人類の進歩の中核なのです。

▼鍵となる施策

芸術・文化・創作のための年間予算を国内総生産 (PIB) の1%〔約264億ユーロ、約4.2兆円〕に引き上げます。

・文化事業者と公衆のための野心的な文化の公共サービスを再興します。

・芸術・文化の創作、教育、普及、保存に関するインフラの地域格差を解消するために、大規模な文化事業を再開します。

・地域の文化的活力の創出をめざす自治体を支援します。

・すべての美術館・博物館の入場料無料化を増進し、公共施設における手頃な利用料金を保証し、民間施設における法外な料金設定を抑制します。

・ガリカ[2]をベースにして、パブリックドメインの作品と、企画展でプログラムされた最近の作品の提案を集めた、無料のオンライン・メディアテークを創設します。

・学校の芸術教育、芸術学校、民衆教育、企業委員会[3]における文化の位置づけなどを発展させることによって、すべての人が文化的作品に触れたり創作したりできるように支援します。

・既存の公的支援の枠組みのなかで連帯と多様性を再び優先します。

・新たな創作活動を財政支援するための「共通パブリックドメイン」を制度化します。これは、クリエーターの没後の知的相続財

産の使用料と、著作権の対象でなくなった作品の商業利用のみに課せられる税から形成されます。

・文化メセナ活動に関する税制優遇措置を全廃します。

・広告看板をアーティストや自由な表現のための展示スペースに変える自治体のためのクリエーション基金を創設します。

・2021年に起きた劇場占拠運動[4]の要求の共通基盤にもとづいて、舞台・映画などスペクタクル芸術の不定期労働制（アンテルミタン）を改善し、それをホテル・飲食業の「臨時職（エキストラ）」やガイド講師など、他の不定期な文化・イベント系の職業にも拡大します。

・国立芸術家・作家センターを創設し、これらの職種に適した社会保障制度を立案するために、選挙を行います。

・芸術分野教員のいくつかの異なる身分を調整し、高等教育における芸術研究部門を再編成します。

・とくに若者に向けた各地域における文化関係の人員養成と採用の計画を開始します。

2. 科学大国であり続けます

　科学の発展と影響力は、生態系が不安定な時代において私たちの独立性と繁栄を支える柱となります。フランスは科学的知識の国であり続けなければなりません。私たちが切望するヒューマニズムにもとづく国際主義は、科学的協力関係のなかでも書き綴られるのです。

▼鍵となる施策

将来性のある分野の広範な研究計画に資金提供します。

・研究への公共投資のレベルを高めます。
・若手研究者を保護する地位規定をつくります。
・知識の普及とその活用に関する市民の熟考を促すために、研究者と住民のつながりを組織する特別部局を有する、より社会に開かれた大学を展開します。
・マクロンが決めた外国人留学生に対する入学金の値上げを撤回します。
・民間の専門刊行物やデータベースに購読料を払って儲けさせるかわりに、市民や大学が研究者の論文に無料でアクセスできる公的な学術出版サービスを創設します。
・公益研究を請け負っている主要な公的研究機関（国立科学研究センター（CNRS）、国立衛生医学研究所（Inserm）、国立農業・食・環境研究所（Inrae）など）を強化し、フランス国立研究機構 を廃止します。
・フランス語によるオープンアクセスの学術雑誌の発行に参加し

ます。
・高等教育・研究評価機構[6]を廃止し、大学における真の民主主義
　を再構築します。
・科学技術利用に関する国際倫理憲章を奨励します。

3.　カネから解放されたスポーツと身体

　一部のプロスポーツが隆盛をきわめる一方で、アマ
チュアスポーツクラブは閉鎖に追い込まれています。肥
満の爆発的増加に伴って、スポーツが公衆衛生にかかわ
る問題となっているなか、スポーツクラブの会員たちは
値上げされた会費を払うのに苦労しています。運動不足
による死者は、毎年交通事故の10倍以上を数えます。ス
ポーツビジネスに終止符を打ち、公的なスポーツサービ
スを発展させましょう。お金の支配から脱した自己の解
放をもたらすスポーツという公益のために、資金を投入
することが急務なのです。

▼鍵となる施策

すべての初等教育の学校施設にスポーツ協会を創り、専門家
の指導による身体活動の実践に無料でアクセスできるように
します。

- アマチュアスポーツに資金を供給するために、テレビのスポーツ中継放送への課税を引き上げます。
- スポーツ連盟の運営を民主化し、スポーツ連盟に対するスポーツライセンス保持者の主権を保障します。
- 健康スポーツすなわち「運動処方箋によるスポーツ」を、社会保障によって払い戻します。
- 学校での水泳学習を義務化します。
- 女性のスポーツを奨励します。主要スポーツイベントのテレビ放映に男女均等制を制定し、公共チャンネルで視聴できるようにします。
- 障がい者のスポーツ施設へのアクセスを改善します。
- オリンピックのスポーツ競技試合で聴覚障がい者の特性を認めます[7]。
- スポーツ技術アドバイザー（CTS）を全国に配置し、強化します。
- スポーツ施設の建設と改修のための全国緊急計画を策定します。
- 最貧困層のためのスポーツ活動を無償化することを推進します。
- スポーツにおける LGBT 嫌悪の実態に対する行動、研修、啓発活動計画の実施（モニタリングと評価）を編成します。

〔1〕 文化パス（pass Culture）：2019 年に試験的に導入された、2021 年 5 月から全国で 18 歳の若者を対象に、文化活動に使う一定金額を提供する制度。2022 年 1 月以降は 15〜18 歳の若者に広げられた。15 歳では 1 人 20 ユーロ（約 3,200 円）、16〜17 歳は 30 ユーロ（約 4,800 円）、18 歳は 300 ユーロ（約 48,000 円）。また、芸術教育用に中学 2 年〜高校 3 年の生徒にクラス単位で学校に支給する別の措置も追加された。使い道は映画、コンサート、演劇、書籍、画材、楽器、ダンスレッスンなどかなり自由で、スマホからアプリをダウンロードして受け取る。元文化相 J・ラングはこのキャンペーンが文化の商業主義化に拍車をかけると批判した。

〔2〕 ガリカ（Gallica）：1997 年に設立されたフランス国立図書館の電子図書館。

〔3〕 企業委員会（comité d'entreprise）：企業内の従業員を代表する機関の 1 つ。2018 年 1 月 1 日から社会経済委員会（CSE）に徐々に取ってかわられ 2020 年 1 月 1 日に法的には消滅した。

〔4〕 劇場占拠運動：2021 年 3 月 4 日、パリ国立オデオン座から始まって、フランス国内外の 100 以上の劇場に広がった占拠運動。劇場によって要求項目は異なったが、新型コロナ感染症による劇場閉鎖などによってとくに若年労働者が置かれた窮状への対策を政府に求めた点は共通していた。

〔5〕 フランス国立研究機構（ANR）：2005 年に設立された、高等教育・研究・イノベーション省の監督下にある公的行政機関。公共事業者や企業と協力して、プロジェクトベースの研究資金提供を実施する。プロジェクト型研究を促進し、学際的な共同プロジェクトの出現を促し、「官－民」のコラボレーションを促進することで、イノベーションの活性化を目的とする。

〔6〕 高等教育・研究評価機構：2013 年の高等教育・研究に関する法律により創設された高等教育・公的研究の評価を担当するフランスの独立公官庁。フランスおよび外国の高等教育・研究機関、研修コース、研究チームの評価を担当する。

〔7〕 聴覚障がい者はパラリンピックにもオリンピックにも参加を認められず、1924 年から独自にデフリンピックが開催されてきた。最近では 2022 年ブラジルで開催された。

第 11 章
教育と研修・職業訓練

1. 識字教育を広げ、非識字を撲滅します

〔読み書きが完全にはできない〕非識字者はフランス本土で250万人以上に達しています。マヨット島では人口の40％、マルティニーク、グアドループ、仏領ギアナでは20％が非識字者です。オンラインだけで行われる手続きが増えるにつれて、読み書きが容易にできない人々は徐々に自分の権利を活用できなくなり、請求書の支払いや移動もできなくなっています。私たちは今こそ真剣に非識字を撲滅したいと考えています。

▼鍵となる施策

2027 年までに学校制度から落ちこぼれた若者と成人の非識字を根絶します。

・フランス語圏以外の人々のための識字教育の体制とフランス語教育を開発します。
・ＮＰＯ（アソシアシオン）による支援プログラムに資金を提供します。
・全国規模の年次調査活動を通して、非識字の状況にある人々を特定し、無料の再教育コースを提案します。

2. 乳幼児期の子どものための公共サービスを創設します

　女性は、家事労働を含む総労働量が男性より多い状況が続くかぎり、自由、余暇、休息を公平に確保することができません。保育方法の問題が決定的な役割を担っています。保育の負担はいまでも女性に重くかかりすぎており、時には女性だけが負っています。したがって包括的な保育制度の確立が、両親とくに母親の自由と、子どもたちの自立の学習のために不可欠なのです。

▼鍵となる施策

乳幼児期の公共サービスを創設し、5年間で50万人分の受け入れ体制を保育所とそれぞれのニーズに合った保育様式[1]で開設します。

・少人数制の保育所（公立・公企業立）および幼稚園の設立を計画し、本物の植物がある屋外空間へのアクセスを保証します。
・既存施設の労働条件を改善するために、人員と設備・用品を増やします。
・公立保育所の無償化を保証します。

3. すべての子ども・若者の平等と解放のために グローバルな学校を再構築します*1

　前世紀の大きな社会的成果の1つは、子どもたちを工場の暴力から引き離し、公立学校に受け入れたことでした。しかし、社会と人間の向上の鍵のひとつである非宗教的で無償の公立学校は、15年にわたる破壊的政策によってひどく弱体化してしまいました。とくにこの5年間、ジャン゠ミッシェル・ブランケール[2]は、公教育サービスの基盤を攻撃し、市場に明け渡すことによって、徹底的に解体し、崩壊させました。私たちは平等と解放の学校を再構築しなければなりません。それは、エコロジカルな方向転換と第6共和政という明日への大きな挑戦に参画する学校です。

▼鍵となる施策

給食、通学、課外活動を含めた本当の意味での無償の公教育を保障します。生徒の修学条件の真の平等を確保し、商品が学校に侵入してくることに対抗するために、教科書やノーブランドの文房具を無料で配布します。

---

*1　フランス人の67％が、給食や用具を含む学校教育の完全無償化に賛成しています（ハリス・インタラクティブ、2021年7月の世論調査）。

・学校における平等性の確保

——さまざまな制度（教育優先地区（ZEP）[3]、習熟度が低い生徒のための専門支援ネットワーク（RASED）[4]等）について、すでに実施されている評価にもとづいて、真に優先すべき教育政策を実施します。

——1クラスあたりの生徒数が現在の欧州の平均19人を下回るよう、あらゆる場所で1クラスの人数を減らします。とくに保育学校・幼稚園と現行の教育優先地区（ZEP）で優先的に実施します。

——補習教育の態勢を強化します。

——学校間格差をなくすため、新しい学区地図を制定します。

——義務教育を〔現行の16歳までから〕18歳までに延長し、必要な場合は16歳から若者自立手当を支給します。

——小学校1年生（CP）から多様な外国語の教育と学習の機会を保証します。

——新規入国の生徒[5]のためのクラス数を増やします。

・国民教育省の教員の給与など地位を高め、人員と予算を強化します。

——2010年以来据え置かれていた給与指数制[6]の1ポイントの額を引き上げ、労働組合との交渉を始めることによって給与体系を改善します。

——すべての採用試験に複数年の採用計画を取り入れます。それにともなって、あらゆる社会階層の若者にアクセスを促すような教員事前採用システムを設けます[（原注）]。

（原注）教育計画の冊子によってその人数や方式を明確にします。

──教育の専門学校を創設し、とくに教育社会学、教育学、児童および思春期心理学、差別とのたたかいに関するしっかりした研修を含む、教員の新任研修および現任研修を強化します。教育研究を支援し、国民教育省と公認の教育運動とのパートナーシップを発展させます。

──学校生活に関わるスタッフ（教育アシスタント AED、学習が困難な生徒向けアシスタント AP）の人数をあらゆる場所で強化します。

──評価とたえまない管理のシステムに終止符を打ち、なかでも初等教育における教育方法の自由を再確認することによって、教職員の働きと取り組みを肯定的に認めます。

──新たな正規職スタッフによる障がい者児童の随行支援のための真の公的サービスを創設します。

──学校長への事務的・教育的支援を行い、すべての保育学校長・幼稚園長と小学校長に対する教務負担軽減の方法を改善します。

──学校の意思決定に、教職員、保護者、生徒を関与させます。

──学校あたりの医療職員の数を保証することによって、学校医療を強化します。

・公教育のための国家的枠組みを回復させます。

──バカロレア国家資格[7]をブランケール〔元〕大臣による改革前のシステムに戻し、高校、職業コース、中学における反改革の流れを阻止します。

──私学教育の特権を廃止します（カルル法[8]を廃止し、自治体からの法定外助成金を禁止します）。

・学校をエコロジカルで民主的な方向転換のためのテコにします。

　　——保育学校・幼稚園から高校までのカリキュラムにエコロジー
　　　問題を組み入れ、新しい実践的な授業を導入します。

　　——学校給食の食材を100％有機栽培で地元産のものにし、動物
　　　性タンパク質の割合を減らして植物性タンパク質を優先し、
　　　ベジタリアン向けの選択肢を毎日用意するよう義務づけます。

　　——健康問題と環境問題（とくにアスベスト除去）に配慮した、
　　　ヒューマンスケールの新しい校舎を建設し、既存の校舎を改
　　　修します。

　　——高校生にも集会・結社の権利を与えます。

　　——学校のカリキュラムのなかで、性差別や他の差別に対抗する
　　　平等教育を強化します。

　　——「グローバル・スクール」プロジェクトを策定し、学校と課
　　　外活動の整合性を図ります。

4. すべての人に資格を与える 教育・職業訓練システムをつくります

　労働者には継続的な資格レベルの向上が不可欠です。エコロジカルな方向転換のためには、あらゆるレベル、あらゆる領域で、最先端の資格が必要とされます。したがって国のエコロジカル目標に沿った初期職業訓練、キャリア全体にわたる現任研修の提供について共に考えることが急を要しています。私たちは破壊され弱体化した職業教育の公的課程を再構築したいと考えています。それは、この国の若者の半数が学ぶ優れたコースなのです。そこで学ばれ、受け継がれるノウハウ・技能は、私たちを待ち受けているエコロジー上の課題に向き合うために不可欠なものです。

▼鍵となる施策

公立の職業高校（リセ）および農業高校（リセ）のクラス数を増やします。

- 〔高校と高等教育の両方の機能を備えた〕総合技術センターを創立します。
- 地域圏（レジオン）の権限で技能実習センター（CFA）[9]を設立する枠組みを復活します。
- 民間の専門職免状を禁止します。
- 職業バカロレアを〔ブランケール改革による 3 年制から〕4 年制に戻し、〔削減された〕一般科目を強化します。
- 高等教育における短期課程を保護し、職業・技術系バカロレア取

得後に学習——上級技術者免状（BTS）、技術短大免状（DUT）[10]、専門職学位[11]など——を続けられるように奨励します。

・エコロジカルな方向転換のための労働ニーズに応える専門分野の課程を整備します。

・公立農業高校の人材育成のための人員と予算を回復し、拡大します。

・学生や未成年の技能実習生が、生活資金不足や実習場所から居住地が遠い場合に、宿舎を無料で利用できるようにします。

・全国的な公的ガイダンスサービスを復活させます。

・技能実習税[12]で得た資金を公共機関のみに割り当てます。

5. 高等教育を再構築します*2

　学生、博士課程の学生、若い卒業生たちの生活・キャリアの不安定さ、大学ポスト・研究職の不足、入学選抜、不十分で不確実な資金をめぐる研究機関や研究者同士の競争など、公的サービスの商業化と解体の悪影響が最も進んでいるのが高等教育です。これらすべてを協同の精神で再構築しなければなりません。

▼鍵となる施策

パルクールシュップ[13]**制度を解体し、すべてのバカロレア合格者が選抜なしに希望の大学・分野に入学できるよう保証します。**

・学士課程から博士課程までの高等教育を無償化します。
・博士課程の学生や若手研究者を、持続的に職務を行う専門職者として正規雇用することによって、また 2021 年から 2030 年にかけての長期研究計画法[14]を廃止することによって、彼らの不安定な状況に終止符を打ちます。
・永続的な財源を基盤とし、また大学や研究機関の予算を増やすことによって、高等教育と研究に必要な資金を再び与えます。

---

*2 フランス人の 76％が、パルクールシュップの廃止によって大学入学の際に分野の自由選択を復活させることに賛成しています（ハリス・インタラクティブ、2021 年 7 月の世論調査）。

・私立の高等教育機関の営利活動（株式保有、株式上場）を禁止します。
・実験室、講堂、社会・市民・学生活動の場所の建設や改修を含め、大学の施設に関する一大計画を開始します。
・大学の寮を年間で 15000 室増やし、既存の寮を改修して安全・環境基準に適合させます。
・大学の自由と責任に関する法律（LRU）[15]およびフォオラゾ法[16]を廃止します。
・大学内の心理カウンセラーを増員します。

---

6. 若者が公益と国家の安全に奉仕する期間*3

　エマニュエル・マクロンの公約である普遍国民奉仕 (SNU) [17] は、無益であると同時に高くつきます。私たちは 25 歳になる前の若者に義務的市民奉仕を提案します。これには、見直しずみの法定最低賃金 (SMIC) の報酬が 9 ヶ月間支払われ、新たな権利（職業訓練、健康診断、運転免許）が与えられます。この若者たちは、希望すれば文民統制下の国民衛兵に参加することができます。国民衛兵 [18] は、国家安全保障予備役、民間保安予備役、市民予備役から編成されます。

▼鍵となる施策

市民奉仕制を創設し、国家市民隊（国民衛兵）を創設します。

・25 歳未満の男女に 9 ヶ月間の市民奉仕制を創設します。これには見直し済みの法定最低賃金の報酬が支払われます。この制度には、初歩の軍事訓練（良心的兵役拒否の権利があります）と公益サービス業務（被災者・人命救助、警備、環境保護・修復、公益 Ｎ Ｐ Ｏ [19] の支援、公衆衛生危機の際の住民支援）が含まれます。
・この奉仕制度には、健康診断と読み書き・計算の能力評価が含まれており、必要に応じてレベルアップを図ります。また無料の運

---

*3　フランス人の 74％が、法定最低賃金で 9 ヶ月間行われる男女共通の市民奉仕活動に賛成しています（ハリス・インタラクティブ、2021 年 7 月の世論調査）。

転講習と運転免許取得試験が含まれます。

・文民統制による国民衛兵を創設します。これは、国家安全保障予
備役、民間保安予備役、市民予備役、およびこれらの予備役の1
つに参加を希望する義務的市民奉仕の若者から構成されます。

〔1〕 保育所（crèche）：3歳未満が対象で、施設型、親管理型、家庭型などがあるが、受け入れ可能人数は3歳児の10％未満にとどまっている。それにかわって認定保育ママなどの在宅保育サービスが保育需要の7割を担っている。3〜5歳児には「保育学校」があり、2019年9月から義務教育の開始年齢が3歳に引き下げられた。

〔2〕 ジャン゠ミシェル・ブランケール（Jean-Michel Blanquer, 1964–）：フランスの政治家、法学者。国民教育・青少年・スポーツ大臣を務めた（2017–2022年）。「イスラム・左派主義」（イスラム過激派とイスラムの差別を批判する左派を実体がないのに結びつけるこの語は、極右が造語したものをブランケールらがメディアで普及させた）批判の中心人物。2022年にソルボンヌ大学で開催された脱構築派批判のシンポジウムで「脱構築を脱構築せよ」という開会の辞を述べた。現在はパリ第2大学教授。

〔3〕 教育優先地区（ZEP）：1960年代以降急激に増加した移民や外国人子弟の学習の困難や非行を解決することを目的に、ミッテラン政権のもと1982年にスタートした制度。ZEPに指定された地域の教育機関には、一般より多くの予算を配分する趣旨（クラスの人数を減らして教員を増やす、教員に特別手当等）だが、様々な要因によって増加分はそれほどでなくなり、成果も思うように上がっていない。

〔4〕 学習が困難な生徒のための専門支援ネットワーク（RASED）：専門の教員と教育心理士が、保育所や小学校で困難を抱えた児童に、チームで支援を提供する1990年度に始まった制度。担任の教員を補足して、生徒が経験する学習上の困難や学校生活への適応の困難に対応する。

〔5〕 新規入国の生徒（primo-arrivant）：初めてフランスに来た生徒で、フランス語を話せない生徒や、授業を正しく理解するために必要な文化的知識をもっていない生徒のこと。

〔6〕 給与指数制（point d'indice）：公務員、裁判官、軍人および特定の契約職員の給与総額の算出に使用される制度。各人の職位、等級、カテゴリー、年功に応じて設定され、給与明細書上部に記載される。月給総額は、基本額に各人の給与指数を乗じて算出される。2023年7月1日に1.5％引き上

げられた。

〔7〕 バカロレア（baccalauréat）：フランスの国民教育省が管理する、高等学校教育の修了つまり大学への入学資格を認証する国家試験。1808年にナポレオン・ボナパルトによって導入された。2019年の時点では18歳に達したフランス国民の80％がバカロレアを取得している。普通バカロレア、技術バカロレア、職業バカロレアの3種類がある。2021年度に普通バカロレアが大幅に変更され、科学系、文学系、経済・社会系の区別がなくなり、内申点が重視されるようになった。

〔8〕 カルル法（loi Carle）：2009年に採択された「公立および私立の小学校が、その自治体の外に住む生徒を受け入れる際に、資金の公平性を保証する」ことを目的とする法。95パーセントがカトリック系である私立小学校に公的資金を注入するための措置だという批判がある。

〔9〕 技能実習センター（CFA）：国家資格または国家職業資格（RNCP）によって認定された職業資格の取得を希望する学生が、企業で受ける職業的技能実習を補完するために、理論的知識を学ぶセンター。

〔10〕上級技術者免状（BTS）、技術短大免状（DUT）：いずれも、バカロレア取得後2年間で取得できる短期課程の資格。BTSは高校に、DUTは工業技術短期大学に併設されている。DUTを取得した学生は大学の2年目に編入できるので、80％が大学に編入している。

〔11〕専門職学位（LP）：上記のバカロレア取得後2年の学位を取った後1年間で、新たな専門性を身につけたり、学習課程を洗練させたりすることを目的とした学位。大学や技術短期大学で取得できるほか、大学との提携があれば専門学校でも取得できる。交通、商業、環境など173の資格がある。

〔12〕技能実習税（taxe d'apprentissage）：2024年度の税率0.68％。主に技能実習生への資金援助にあてられる。

〔13〕パルクールシュップ（parcoursup）：2018年以後、教育省と高等教育・研究・イノベーション省が、高等教育機関と入学希望者のバランスを管理するために運用しているウェブ・ポータル。フランスの高等教育機関に登録するためにはこのサイトで手続きする必要がある。多数の要求に応えなくてはならないので高校生と親は大きなストレスを抱え、希望の進学ができ

ない生徒が続出するなど多くの問題があり、批判を受けている。

〔14〕長期研究計画法（LPR）：2020 年 12 月 24 日制定の「研究の本質的に長い時間軸を考慮し、研究室に時間と可視性を与える」法。研究者間や大学間の競争原理と、プロジェクト公募による資金調達の論理を強調し、数多くの研究者組織から批判されている。

〔15〕大学の自由と責任に関する法律（LRU）：別名ペクレス法。2007 年 8 月 10 日制定の、大学が予算と人員を独立機関的に管理できることや、独自の不動産を所有できることを定めた法律。ほとんどの学生団体と教員組合が反対し、学長会議が支持した。

〔16〕フィオラゾ法（loi Fioraso）：社会党のフィオラゾ高等教育・研究大臣が作成し 2013 年 7 月 22 日に制定した、高等教育・研究に関する法律。右派政権が作成した 2006 年の研究プログラム法や 2007 年の大学の自由と責任に関する条項を修正したが、大学の自治や協力といった主要項目には手がつけられていないという批判が多い。

〔17〕普遍国民奉仕（SNU）：2021 年から導入された 16 歳から 25 歳までの国民が任意で参加する市民奉仕制度。1 ヶ月間、市民施設もしくは軍事施設で活動を行う。フランスの価値観を伝え、社会の結束を強め、社会参加を促進することを目的としており、徴兵制の再導入を目指すものではないとされている。徴兵制を停止した後、1998 年に設けられた強制的な「防衛と市民権の日」に代わるもの。

〔18〕国民衛兵（garde nationale）：フランス革命時に常備軍に替わってフランス各都市で組織された民兵組織。ナポレオンによって武装解除されたが、ナポレオン追放後に復活、七月革命と二月革命において重要な役割を演じた後消滅。2015 年にオランド大統領が同時多発テロ事件などを受け、予備役と義勇兵から構成される国民衛兵復活を表明、2016 年 10 月 12 日の閣議で決定した。

〔19〕公益ＮＰＯ（アソシアシオン）（associations labellisées d'intérêt général）：ＮＰＯ（アソシアシオン）のうち一般税法（CGI）が求める基準を満たしたもの。寄付者に領収書を発行することができる。寄付額の 66%（課税対象になる所得合計の 20% まで）を税金から控除できる。

世界秩序を立て直します

「人間の発達の各段階において、それぞれに特有な紛争が
あったわけです——それぞれがかかえた多種多様な問題は、
明らかに武力でのみ解決しうるものでした。そしていずれの
ときも、歯がゆいことながら、武力は本当に問題を解決する
にはいたらなかった。」
　アイザック・アシモフ
　『われはロボット』、1950 年[1]

　　世界各地で起きている戦争は、日々、私たちに平和の緊
急性を思い出させます。私たちは欧州委員会の教条やアメ
リカ合衆国の覇権に服従しない、独立したフランスを築か
なければなりません。それはフランスが人類に建設的な貢
献を行うために必須の前提条件です。私たちは人類の共有
財産を守り、宇宙、海洋、バーチャル空間という新しいフ
ロンティアに向かうために、エコロジカルな進歩という新
たな地平を築かなければならないのです。

訳注 ────────────────────────────────

〔1〕アイザック・アシモフ『われはロボット〔決定版〕』小尾芙佐訳、ハヤ
　　カワ文庫、2004 年、364 頁。

第12章
ヨーロッパ

　　2022 年はヨーロッパの軌道修正のチャンスです。まさ
にこの年、フランスが EU の議長国を務めることになって
おり、気候変動に対する新しい政策や EU 予算規則の再導
入に関する交渉が行われます。したがって現在の条約は、
これらの課題の大きさに対応するために、必然的に再検討
されることになるでしょう。

　　私たちの規則は、いかなる場合でも私たちのプログラム
の公約を適用することです。

　実際のところ、EU の規則のいくつかは、現在、私たちのプログ
ラムの実現と相容れません。

・自由貿易協定は環境保護主義に反します。
・例外なき自由競争によって、公共法人の形成が妨げられ、共有財
　産を市場から除外しておくことも妨げられます。
・予算の束縛によって、私たちは緊縮財政に閉じ込められ、エコロ
　ジカルで社会的な方向転換に投資する能力が低下してしまいます。

・資本の自由な移動によって、私たちが金融部門を制御する力を取り戻すことができなくなっています。

・〔EU の〕共通農業政策は、農民主役の、動物福祉に配慮した有機農業に反するモデルを推進しています。

・社会権の調和の欠如と EU 圏内の自国外労働に関する指令[1]によって、労働者たちは競争させられています。

・ヨーロッパ内の租税回避地_{タックスヘイブン}利用を罰しないことによって、私たちの税収と納税の倫理は脅威にさらされています。

・ヨーロッパの安全保障政策によって、私たちは北大西洋条約機構（NATO）の好戦的な思惑のなかに押し込まれています。

・欧州中央銀行（ECB）の規約によって、私たちは資金調達するために国家を金融市場の手に委ねることを余儀なくされています。

　私たちには、民意の尊重と国際協調の精神にもとづく統治の方法によって、こうした障壁をはらいのける万全の戦略があります。

　まず私たちは、ヨーロッパ諸国や国民に、協議の上で現行の諸条約と決別することを提案します（A案）。そのためには、気候変動や社会の緊急事態に対応できる新条約を交渉し、フランス国民の承認を得るために国民投票に付す必要があります。私たちはとくに以下のことを提案します。

　　──それぞれの国家による予算の主権の復活
　　──欧州中央銀行（ECB）規約の変更
　　──EU 域内でエコロジカル規定と社会権を調和させるための諸

規則の実施

——環境保護主義の実施

——戦略的分野において国家が企業を支援したり、公共機関による独占機構をつくったりする権利

——全ヨーロッパ人の基本権としての水への権利

　他方で私たちはあらゆる場合に、EU の諸機関と対立することを覚悟の上で、私たちのプログラムを国家レベルで直ちに適用することを視野に入れています（B 案）。私たちはそのためにあらゆる手段を用いて欧州理事会において私たちの立場を主張し、必要な場合はブロッキング規則[2]に従わないつもりです。

　この 2 つの戦略は互いに互いを育て合うものであり、私たちが先陣を切って行動することで、他のヨーロッパ諸国民を導くことができます。

1. EU 諸機関に対してあらゆる行動手段を使います

　フランスはけっして無力ではありません。必要であれば躊躇なくあらゆる行動手段を動員します。

・たとえば、新たな自由貿易協定や、社会権的、税制的、環境的な調和をあらかじめ図っていないすべての EU の拡大に対して、フ

ランスの拒否権を行使します。
・フランスの EU 予算への拠出を条件付きにします。
・社会、エコロジー、文化、教育、学術などの分野で協力を希望する国と、新たに緊密な協力関係を築きます。
・私たちの観点の威力を高めるために、同盟関係にある他のヨーロッパの国々の政治団体や市民団体とともに市民が結集する運動を開始します。

---

2. 私たちのプログラムを実施するために 必要な場合はEUに従いません*1

　同時に「共同の未来」の実施と相容れない EU の諸規則には従いません。私たちは、そのためのツールも用意しています。

・国外労働に関する指令、予算規則、競争原理、資本の自由な移動など、私たちのエコロジーと社会権を保護する公約と相容れないヨーロッパの規則の適用を一方的に中止します。

---

*1　フランス人の 68％が、EU 加盟国の賃金労働者が、フランスの賃金労働者や企業が拠出する額と同額の社会保険料を支払わずに、フランスに来て働くことができる国外労働を禁止することに賛成しています（「ユマニテ」Ifop、2019 年 2 月の世論調査）。

- フランスは、「防衛のヨーロッパ」のようないくつかのプログラムへの参加を中止します（オプトアウトの行使[3]）。
- 気候変動対策や労働に関する私たちの国際的な公約と、ヨーロッパの諸規則とのあいだの矛盾を利用して、最も厳しい基準を優先させます。
- 第6共和政の憲法に書き入れられる基本原則が、EU 法よりも上位にあることを主張し、エコロジー的、社会権的な後退はしないという原則を確立します。つまりいかなる EU の基準も、国の基準より社会権的・エコロジー的な面で劣る場合は適用されないということです。

　私たちのロジックはシンプルです。条約を改正する合意が得られない限り、私たちは相手国と協議しつつも、ブロッキング規則には従いません。合意に至った場合はさらに国民投票にかけられることになります。

　成立して 60 年間、欧州連合は硬直した構造物ではありませんでした。それは力関係と、状況によって変わる構造をもつ協力関係にもとづいた政治空間なのです。今回私たちは、私たちのプログラムを実現するために、EU 内でのフランスの重み〔経済力など〕を用いるつもりです。

〔1〕国外労働に関する指令（directive sur le travail détaché）：1996年の「EU域
内の労働者の自由な移動に関するEU指令」96/71/EC。労働者が勤務先の
国の法律で保護されるよう求めるもの。この指令は、国外労働者の権利を
十分に守らず、自国の労働者の権利を弱体化させると批判されている。

〔2〕ブロッキング規則（règles bloquantes）：1996年11月22日「欧州理事会
規則（EC）No 2271 / 96は、外国政府の経済制裁への対抗措置を定めた規
則だが、ここではEU加盟国がEUの政策を遵守しなければならない規則
としての機能を指す。

〔3〕オプトアウト（opt-out）：EUに属する各国の権利における例外。いくつ
かの共通政策に参加しない権利を交渉できる。デンマーク、ポーランド、
アイルランドなどがオプトアウトを交渉によって獲得している。

1. 世界におけるフランスの自主独立性を引き受けます

サルコジ、オランド、マクロンの三大統領は、任期中、フランスを NATO と、世界の緊張関係を悪化させる狭い「西側」の世界観に閉じ込めてきました。平和と協調を促進するためには、かつての自主独立の声を取り戻すことが必要です。

▼鍵となる施策

NATO の統合司令部から直ちに離脱し、次いで NATO 自体からも段階的に脱退します。

・「文明の衝突」を拒否し、平和に貢献する非同盟の国際活動を担い、普遍的で歪められていない人権概念を奨励します。
・インド太平洋その他の地域における常設軍事同盟への加盟をすべて拒否します。
・オルター・グローバリズム[1]にもとづく新たな協定の成立に取り組みます。
・ロシアとの NATO 枠外での対話のために、欧州安全保障協力機

構（OSCE)[2]に再び全面的な権限を与えます。

・フランス外交網の衰退と EU 外交への追随を食い止めます。

・エドワード・スノーデンやジュリアン・アサンジのような内部告発者、人類全体の利益のために働く新たな自由の闘士の亡命を受け入れます。

---

2. 独立した、共和国人民の防衛を構築します[*1]

米国によって米国のためにつくられた NATO のような常設軍事同盟は、フランスの利益と原則に反するものです。それは私たちの外交の幅を狭め、メッセージを弱めています。フランスはすべての常設軍事同盟から離脱しても自らを守ることができますし、また自らで守らなければなりません。そのためには、防衛が国全体の仕事でなければなりません。

▼鍵となる施策

私たちの独立を回復させ、気候変動への適応を始動させるために白書を作成し、国防計画法を採択します。

[*1] フランス人の 96％が、戦争で心的外傷を患った人に対する行政手続きが簡略化されることに賛成しています（ハリス・インタラクティブ、2021年5月の世論調査）。

・兵器産業と国防任務の民営化をやめ、公共企業に戻します。

・軍の国産装備品の購入を優先します。

・義務的市民奉仕の選択肢のひとつとして兵役の可能性を開きます。

・対侵略・平和維持のための非殺傷防衛システムを構築するために、デジタル空間と拡張現実を軍事利用します。

・フランスの情報機関に、気候変動がもたらす公衆衛生を含めたさまざまなリスクを予測する能力をもたせます。

・軍需品と兵士の装備を新しい気候状況に適合させます。

・脆弱な軍事インフラの改善計画を立ち上げます。

・フランス軍における心的外傷の認定と補償の手続きを簡略化します。

---

3. 秩序ある世界を存続させるために国連を強化します[*2]

　国際連合は、不十分ではあるものの、世界のほとんどの国で構成されているので、集団安全保障のための唯一の合法的機関であることにかわりありません。しかし国際連合は、内からは民間の「パートナー」団体の善意に依存せざるを得ない財政難によって、また外からは国際法を無視して、「多国間主義[3]」という特殊な概念を自分たちだけの利益のために展開する帝国主義勢力によって、切り崩されています。フランスは、世界の不均衡や、世界の安定と平和に対する脅威と向き合うこために、この機関が権威を取り戻すよう、いかなる下心もなく尽力しなければなりません。

▼鍵となる施策

国連が集団安全保障のための唯一の合法的機関であることを再確認します。

・国連の委任のないすべての軍事介入を拒否し、国連安全保障理事会参謀委員会の権限[4]を回復します。

[*2]　フランス人の83％が、地上の平和を保障するために国連がより大きな役割を果たすことに賛成しています（ハリス・インタラクティブ、2021年7月の世論調査）。

・「世界環境機関」を創設し、国際連合教育科学文化機関（UNESCO）、ならびに製薬業界の利益から脱した WHO を守ります。

・国連食料農業機関（FAO）を改革し、食料主権、市場の統制、農業のエコロジー的転換を促進します。

・平和が保障されていないすべての地域（中近東、アフリカのサヘル地域[5]、カシミール、コーカサス、アラブ・ペルシャ湾岸、アフリカの角[6]など）で、国連の庇護のもと、関連する国々や社会と政治的解決を図ります。

・国連の庇護のもと、環境災害に対する出動とエコロジカル安全保障のための部隊の創設と、炭素エネルギー不拡散に関する条約の締結という構想を提案します。

4. 自由貿易を拒否し、環境保護主義と経済協力を確立します

　新自由主義的グローバリゼーションとは、何よりもまず、人々と環境を犠牲にして多国籍企業の利益追求を唯一の目的とする、金融のグローバル化、汚染の集中、感染症の蔓延、そしてたえまない資本・物品と人々の移動です。それが生み出す万人の万人に対する競争は、脱工業化、大量失業、やむをえない移住、食料生産の破壊などを意味します。環境保護主義は、世界各地の人々すべての協調的な発展と、尊厳ある人間の生活と両立できる生態系の保全とを可能にする唯一の答えなのです。

▼鍵となる施策

国際通貨基金（IMF）、世界銀行、世界貿易機関（WTO）に、国際的な新自由主義との決別を提案し、国連貿易開発会議（UNCTAD）[7]への投資を再開します。

・国際労働機関（ILO）の基本原則[8]の遵守を貿易協定に組み込みます。
・多国籍企業に社会権の基準や環境基準を守ることを義務づける国連決議の採択に向けて行動します。
・2015年に国連総会で採択された決議[9]の枠組みで、市場メカニズムに依存しない公的債務の集団的債務整理に取り組みます。

5. 国際法による保護を地球の共有資源にまで広げます

エコロジーの危機に行政上の国境は関係ありません。ある国が大気中に放出したものは近隣の国も吸い込むことになります。海に放出したものは地球の反対側の海岸にまで流れ着きます。責任は必然的に集団的なものにならざるをえません。環境に対する罪を犯した企業や、大規模な汚染をもたらした者たちは、その行為の責任を負わなければなりません。したがって今こそ、国際法を気候変動やエコロジー上の緊急事態によって必要とされる領域にまで広げる時なのです。

▼鍵となる施策

環境破壊_{エコサイド}の罪を認知します。

・気候と環境に関する国際司法裁判所の創設を支持します。

・国境を越えた金融犯罪を裁く国際経済司法裁判所を創設します。

・パンデミック対策のためのワクチンや他の医療方法について、強制ライセンス制度[10]を拡大し、特許を解除します。

・多国籍企業に人権と環境の尊重を義務づける条約について、現在進行中の交渉を積極的に支援します。

・プラスチック対策の国際条約について、現在進行中の交渉を積極的に支援します。

・水問題、水の保護と万人の水へのアクセスを、フランスの国際協力政策の優先事項とします。

・深海保護の国際条約の交渉において積極的な役割を果たします。
・北極と南極を人類の共有財産として管理します。すなわち、鉱物や石油・天然ガスといった海底資源の略奪によって生態系を破壊する可能性のある経済活動を防止します。

---

6. ヒューマニズムにもとづく現実的な移民政策のために[*3]

やむをえない移住は、つねに二重の苦しみをもたらします。いま暮らしているところが自分の場所だとは思えず、自分の出身地も自分の場所ではなくなるのです。移民問題は、制限や罰をもっと厳しくせよとエスカレートする議論[11]に単純化させるには、あまりにも深刻なテーマです。第一の課題は、誰もが自分のうちで家族や友人と一緒に暮らせるようにすることです。そのためには、戦争をやめ、経済を破壊する貿易協定をなくし、気候変動に立ち向かわなければなりません。

▼鍵となる施策

国際移住機関（IOM）および国連難民高等弁務官事務所

[*3] フランス人の 83％が、やむをえない移住を防ぐためにフランスがイニシアチブをとる共同発展計画に賛成しています（ハリス・インタラクティブ、2021 年 7 月の世論調査）。

（UNHCR）を強化し、移住に関する年次会議を開催します。

・人々が自国から移住を強いられる状況を避けるために、不平等な
貿易協定に反対します。
・技術移転と資金や物資の援助を通して、気候変動の影響に対処し
ます。
・シェンゲン協定[12]と欧州国境沿岸警備機関（Frontex）[13]政策の行
き詰まりを打開します。
・難民に対する私たちの人道的義務を果たします。
・ビザの取得を容易にし、労働者、学生、学童の親に正規の滞在許
可を与え、10年間の滞在許可を標準的な滞在資格として制度化
します。
・「環境上の苦境」という資格を創設し、一時的保護を提供します。
これは、移住の原因となった災害の深刻さに応じて長期的保護に
なりうるものとします。
・ダブリン規約[14]を一時停止し、ル・トゥーケ協定[15]について再交
渉します。
・全国に十分な数の受け入れ・宿泊施設を設置することで移民を受
け入れ、連帯の罪[16]に終止符を打ち、ワンストップ受け入れセン
ターを創設します。
・亡命権を完全に保証するために、とりわけ個々の事例を時間をか
けて調査します。
・亡命・入国管理法〔訳注11参照〕を廃止します。

7. オルター・グローバリズム的でエコロジカルな外交の先陣としての海外県・地域圏／海外自治体

　海外県・地域圏／海外自治体のおかげで、フランスは生態系の重要な地点すべてに関わっています。フランスは、世界で2番目に広い海域をもっているのです。仏領ギアナは、国内の生物多様性の約80％を擁し、フランスで最も長い陸上国境をブラジルと共有しています。それらに対する責任こそ、フランスの果たすべき義務なのです。フランスは普遍主義的外交の先陣となるべきです。海外県・地域圏／海外自治体はその拠点です。

▼鍵となる施策

海外県・地域圏／海外自治体から国際政策を構築します。すなわちアマゾンの保全、海面上昇に脅かされる先住民への援助などです。

・海外県・地域圏／海外自治体を共同発展の地域拠点とします。すなわち、近隣諸国への技術移転、物流・学術の支援、海外県・地域圏／海外自治体と近隣諸国の学生に向けた高度研修機関の設置、平和維持のための軍事協力などです。
・地域協力活動に参加します。すなわちアンティル諸島と仏領ギアナではラテンアメリカ・カリブ海諸国共同体（CELAC）、マヨットではアフリカ連合、南部アフリカ開発共同体（SADC）、レユニオンでは環インド洋地域協力連合（IORA）に積極的に参加します。

・仏領ギアナでのモンターニュ・ドール計画[17]を完全に中止します。
・住民投票にもとづいて、近隣の領土と連携しながらニューカレドニアの未来を築きます。

---

8. オルター・グローバリズム的・国際協調主義的な国家間の協力関係を築きます

　より公正で、より秩序正しく、よりエコロジカルなもうひとつの世界は可能です。それを実現するためには、新たな協力関係を築き、その他の協力関係も強化する必要があります。フランスは、新自由主義的で西洋主義的なグローバル化の概念から離れて、市場のメカニズムに縛られない世界公共財を推進し、不平等と生態系の危機とたたかうすべてのプロジェクトに例外なく取り組まなければなりません。

▼鍵となる施策

国民総所得の 0.7％〔約 184 億ユーロ。約 2 兆 9,440 億円〕を、新自由主義の束縛から脱した政府開発援助[18]にあてます。

・平和のために行動し、諸国家の独立と民衆の主権を尊重します。
・とくに気候変動対策の分野で共同発展と協力関係を再開します。
・BRICS（ブラジル、ロシア、インド、中国、南アフリカ）の新開発銀行に参加します。

・ドルに対抗する世界共通通貨プロジェクトを支持します。

・ソブリン債[19]の再編成を支持します。

・フランス開発庁（AFD）が提供する「開発援助」が、〔被援助国の〕寡頭政治体制や「官民パートナーシップ」に関連する企業の利益にならないように改革します。新植民地支配を行うのではなく、人権と国民主権を強化することを目的として、現地の市民社会とともに支給額を決定します。

9. 共通の向上目標のもとに、地中海沿岸諸国を結びつけます

　地中海が移住者の墓場になるのを仕方がないことだとあきらめるのをやめましょう。フランスは、地中海において、その歴史、地理、言語、豊かさ、そして国民の多様性から生じる特別な責任を引き受けなければならないのです。

▼鍵となる施策

地中海沿岸の大学のネットワークを構築し、地中海の職業教育ネットワークを組織します。

・火災や自然災害時の海上救助のための地中海出動部隊、市民保安部隊を創設します。

・汚染に対抗し、地中海の生態系の汚染除去を管理するための共同
　組織を立ち上げます。
・海中対応手段を整備します。
・バルト海で適用されている環境基準を地中海にも適用し、とくに
　海上交通による排出物を制限します。
・地中海の両岸とインターネットで、複数言語を使って放送する地中
　海テレビチャンネルを創設します（独仏チャンネルのアルテをモデルに）。

10. 人民主権にもとづいたアフリカとの関係を築きます

　近年アフリカ全土で、市民革命の力強い動きが起こっ
ています。フランス政府は依然として、このような民衆
の息吹に耳を貸そうとしません。フランスの政策は、少
数の支配者層の狭い利益だけに奉仕する金儲け主義に
よって腐敗しています。フランスが人類の公益という指
針に導かれたアフリカ政策を採用することが、民衆の利
益につながります。民衆同士の協力こそがこの方向へ進
むことを可能にする方法です。

▼鍵となる施策

**サヘル地域とマリにおけるフランス軍の目的と行動について
議会で討論と投票を行い、サヘル地域での軍事作戦の撤退日
程を決定します[20]。**

- サヘル地域に対する開発援助を強化します。援助には人権、民主主義、社会的・エコロジー的権利の尊重を条件とします。
- アフリカ諸国との過去の防衛協定を見直し、民衆の利益になるように、またアフリカ諸国の内政に干渉しない内容で結びます。
- CFA[21]圏（西部は ECO[22]圏になりました）のアフリカ諸国が、自分たちだけで管理し決定できる通貨をもてるようにします。
- アフリカの一部の国の「醜悪な」債務、すなわち独裁政権が権力者一族を富ませたり、公益に反する活動を行ったりするためだけに契約した債務を帳消しにします。
- フランス軍が行ったと告発されている失態・違法行為を解明する独立調査委員会を設置します。

---

11. 民衆に根ざしたフランス語圏への移行

　　フランス語は世界で3番目に多く話されている言語で
すが、現地での実際の話者の数は減ってきています。し
かしながら、この共有言語は、政治的次元で生かされ、
発展させられるべきつながりです。それにもかかわらず、
フランス語圏は、あまりにも多くの場合に無視され、あ
るいは大多数の人がアクセスできないような公的枠組み
によって独占されてしまっています。

▼鍵となる施策

国際機関におけるフランス語の使用を擁護します。

・民衆に根ざしたフランス語圏に活力を与えます。
・フランス語圏のエラスムス[23]を創設します。
・フランス語圏の国々に共通の教育内容や資格免状を作り上げます。
・フランス語による視聴覚メディアを強化します。
・フランス語圏議会協議会（APF）[24]を強化します。
・世界最高水準のフランス語学術誌の創刊に進んで参加します。
・フランス語圏宇宙大学を設立します。これは、航空宇宙分野に関
　連する全職種に就職可能な共通大学課程を提供します。
・フランス語圏の文化的表現の場（たとえば国立の舞台）を再建します。
・アンスティテュ・フランセとアリアンス・フランセーズのネット
　ワークを強化します。

〔1〕 オルター・グローバリズム（altermondialisme）：現行の新自由主義的なグローバリゼーションではなく、もうひとつ（オルター）のグローバリゼーションを目指す立場。スーザン・ジョージ『オルター・グローバリゼーション宣言──もうひとつの世界は可能だ！』杉村昌昭、真田満訳、作品社、2004 年参照。

〔2〕 欧州安全保障協力機構（OSCE）：1973 年に発足した、ヨーロッパ、北米、中央アジアの 57 か国が加盟する世界最大の地域安全保障機構（1995 年からこの名称）。安全保障を軍事面だけでなく、経済・環境、人権、人道分野も含めて包括的にとらえる（包括的安全保障）。平和維持活動などのための実力部隊・実行手段をもたず、民主主義の確立が安全保障に不可欠であるとして選挙監視活動を重視している。

〔3〕 多国間主義（multilatéralisme）：2 カ国以上の国家が、共通の原則や規範にもとづいて意思決定を行い、協調して行動すること。単独行動主義と対立する。

〔4〕 国連安全保障理事会参謀委員会の権限：国連安全保障理事会の軍事参謀委員会は、国連憲章第 7 章の規定にもとづいて、安保理に対して軍備規制・縮小に関する助言並びに国連軍編成に関する助言およびその指揮をとる。

〔5〕 アフリカのサヘル地域（Afrique sahélienne）：サハラ砂漠南縁部に広がる半乾燥地域。西から順にセネガル、モーリタニア、マリ、ブルキナファソ、ニジェール、ナイジェリア、チャド、スーダン、南スーダン、エリトリア。2012 年以後イスラム系武装組織が活発化し、現在も多くの兵士や市民が居住地を追われるなどの状況が続いている。西サヘルは 19 世紀後半から 1960 年までフランス領西アフリカだった。

〔6〕 アフリカの角（Corne de l'Afrique）：アフリカ大陸東端のソマリア全域とエチオピアの一部などを含む半島で、ソマリ人の居住地域。1990 年以後ソマリア内戦が続いている。北端の現ジブチ共和国は旧フランス領。

〔7〕 国連貿易開発会議（UNCTAD）：1964 年ジュネーブに設置された常設の政府間機関および国連総会の補助機関。貿易と開発、金融、投資、技術、持続可能な開発の関連問題に総合的に対応する国連の中心的な機関。主目的は、開発途上国が開発、貧困削減、世界経済への統合のための原動力と

して貿易と投資を利用できるようにすることであり、そのために⑴調査研究と分析、⑵政府間の審議によるコンセンサスの構築、⑶各種のパートナーと進める技術協力プロジェクトを行う。

〔8〕ILO の基本原則：1998 年に採択され、2022 年に改正された「労働における基本原則及び権利に関する ILO 宣言」は、参加国に、⑴結社の自由および団体交渉の権利の効果的な承認、⑵あらゆる形態の強制労働の撤廃、⑶児童労働の実効的な廃止、⑷雇用と職業に関する差別の撤廃、⑸安全で健康的な労働環境を求めた。

〔9〕2015 年に国連総会で採択された決議：2015 年 9 月 10 日に採択された「69/319. 公的債務再構成過程に関する基本原則」を指す。主権国家が、最後の手段として公的債務を再構成する権利を有していることや、その条件などを定めたもの。

〔10〕強制ライセンス（licence d'office）：公的機関が公益のために、特許権者の同意なしに、第三者による特許の利用を許可することができる制度。フランスでは、知的財産法 L.613-16 および L.613-17 で、公衆衛生や防衛の目的のための強制ライセンスが認められている。

〔11〕2023 年 12 月 20 日、ダルマナン内相が何としてでも通そうとした移民法案「亡命・入国管理法」が国会で採択された。外国人の扶養手当の制限、出生地主義の否定、国籍剥奪、難民の人権否定、外国人学生への差別（保証金の強制）など、外国人・移民に対する差別と偏見に満ちた内容。マリーヌ・ル・ペンの選挙公約をいくつも取り入れたもので、この 40 年間に 30 近く採決された移民法案の中でも最悪の法律。「服従しないフランス」をはじめとする NUPES、市民団体、人権団体、一般市民は、デモや集会を行って反対した。

〔12〕シェンゲン協定（accord de Schengen）：1985 年にルクセンブルクのシェンゲンで署名された、シェンゲン圏内では出入国管理を原則不要とする協定。現在、29 カ国が加盟している。

〔13〕欧州国境沿岸警備機関（Frontex）：EU は 2004 年に欧州対外国境管理協力機関（同じく Frontex）を設置し、不法移民の取り締まりや国境の監視などで各国の国境管理当局間の協力を図ったが、2015 年の欧州難民危機

を受けて、2016 年 10 月 6 日に改組した。

〔14〕ダブリン規約（règlement de Dublin）：シェンゲン条約に含まれる、EU
加盟国の領域内において庇護申請が申し立てられた場合、申請を受けた
1 国のみ、原則として最初に到着した国で審査が行われることを定めた規
約。EU 圏の境である地中海沿岸ギリシア、イタリアに申請が集中するため、
不公平だと指摘されている。

〔15〕ル・トゥーケ協定（accords du Touquet）：2003 年 2 月 4 日、フランス、
イギリス両政府は、イギリスからの資金提供を受けて、フランスがイギリ
スの国境管理を行うという内容の協定に署名した。フランスをイギリスの
移民政策の「警察部門」とするものだとして多くの NGO が糾弾している。

〔16〕連帯の罪（délit de solidarité）：「統制された移民、実効的な亡命権、成功
した統合のための 2018 年 9 月 10 日法」には、移民の無許可の入国、移動、
居住を幇助する行為への処罰規定が含まれている。同規定は、移民を対象
にした組織的犯罪（密輸業者、輸送業者、雇用主など）を対象にしたもの
だが、移民を支援する団体や個人が処罰されかねず、実際に人道支援の人々
への訴訟が行われ、長期間たたかって無罪を主張しなければならなくなっ
たため、こう呼ばれて批判されている。

〔17〕モンターニュ・ドール計画（projet Montagne d'or）：2011 年に開始された、
85 トンの金を採取するために仏領ギアナの生物保護区の近くに巨大な穴
を掘る計画。2016 年以降、地元の反対運動が高まり、全国規模に広がった。
2019 年に政府は計画の放棄を告げたが、契約続行を求める採掘企業との
裁判でのたたかい（行政裁判所、憲法評議会）が続き 2024 年現在、環境
保護側に有利な判決によって採掘計画はストップしている。

〔18〕政府開発援助：2021 年のフランスの政府開発援助（ODA）は、対国民
総所得（GNI）比で 0.52％、開発援助委員会（DAC）加盟 22 ヶ国中 7 位。
日本は 0.34％で 12 位。委員会からは 0.7％に近づけることが求められている。

〔19〕ソブリン債（dette souveraine）：各国の政府または政府関係機関が発行、
保証している国債。

〔20〕サヘル地域におけるフランス軍：フランス軍は、マリにおける治安悪化
を受けて 2013 年に部隊を派遣して以降、マリを中心としたサヘル地域に

おける対テロ作戦の中心的な役割を担ってきた。仏軍は、これまで同地域で活動する「イスラム・ムスリムの支援団」（JNIM）及び「ISIL 大サハラ」（ISGS）の主要幹部を殺害、拘束したが、これらは依然として活動を継続し、活動範囲を拡大してきた。マクロン大統領は、2021 年 6 月、同地域における仏軍部隊の勢力削減を発表し、マリとの関係悪化を招いた。2022 年 2 月には仏軍を含む多国籍部隊のマリからの完全撤退、ニジェールへの移転等を発表した。その後マクロンの外交の失敗と仏政府・軍のやり方のせいで、アフリカ諸国でフランスと軍への反感が高まり、2023 年末までにフランス軍はマリだけでなく、ブルキナファソ、ニジェールからも撤退を余儀なくされた。

〔21〕CFA：1958 年以来、旧フランス領西アフリカおよびフランス領赤道アフリカを中心とする 14 カ国で用いられる共同通貨。西アフリカ諸国中央銀行発行の CFA フランと、中部アフリカ諸国銀行発行の CFA フランの 2 種類がある。CFA フランを使用している国は、外貨準備高の 50% をフランスの国庫で保管しなければならないという規定があり、旧宗主国であるフランスによる経済支配だと批判されてきた。

〔22〕ECO：2019 年 6 月 30 日に西アフリカ諸国経済共同体（ECOWAS）が、2020 年から共通通貨エコに移行することを決定した。参加国のうち 8 カ国は CFA フランを使用している国家であったが、エコに移行した場合フランスによる管理を受けないことで合意した。いまだ実現していない。

〔23〕エラスムス（Erasmus）：2003 年 12 月 5 日に創設された EU による世界各国を対象とした留学奨励制度。

〔24〕フランス語圏議会協議会（APF）：1967 年 5 月に結成された、「フランス語圏に共通するあらゆるテーマについて討論、提案、情報交換を行う場」。92 のセクションからなる。

第14章
人類の新しいフロンティア

1. 海洋を保護します

今や海は危機に瀕しています。乱獲やプラスチック汚染によって海の生物多様性は失われています。海洋を資源の略奪や軍事的緊張から保護することが急務になっているのです。海の生態系を聖域化しなければなりません。

▼鍵となる施策

海洋とくに深海の生物多様性の権利に関する国際法の制定に向けた取り組みを行います。

- フランスを海洋分野の研究と教育の世界的リーダーにします。
- 海に面した県ごとに海洋高校を創設します。
- 新しいエコロジカル漁法の分野で職業訓練を広めます。
- 国際宇宙ステーションをモデルにした、初の常設海中ステーションの建設を提案します。
- 小規模漁業を通じて資源を持続可能なかたちで管理し、違法な漁業行為に対してたたかい、EU共通の漁業政策を商業的なものにすることを拒否します。
- 電気ショック漁法のような危険な漁法を根絶します。

・公海上に海洋保護区を設け、保護の水準を高めます。
・国際自然保護連合（IUCN）が求めている、地中海での掘削と深海での鉱山採掘のモラトリアムを擁護します。
・建設産業用の海砂の採取を規制し、国内的・国際的規模で違法採取に対してたたかいます。
・海の酸性化および酸素を失った「デッドゾーン」[1]の増加に対抗します。
・フランスの領海を国際的に認知させます。
・フランスの領海の監視手段を増強します。

2. フランスの海事責任を果たします

　　フランスは、意識されていませんが、海洋大国です。海は、エコロジカルな方向転換における大きな活力源です。この分野にはすでに 40 万人の雇用があります。それをすぐに 100 万人に増やすことができるのです。しかし、海洋技術は公権力から捨て置かれてきました。

▼鍵となる施策

エネルギー移行計画の一環として海洋再生可能エネルギー（EMR）を発達させ、設備とネットワークの公的管理を行います。

- ゼネラル・エレクトリック社に売却したアルストム社の海洋エネルギー部門と、シーメンス社に売却したアレバ社[2]の洋上風力発電部門を国有化することで、海洋エネルギー部門の放棄を拒否し、この分野の産業的発展を確かなものにします。
- 商用帆船に関する研究を強化します。
- 保護主義によってフランスの海運力の持続性を保証し、とくに汚染の少ない推進システムを開発して近代化を図ります。
- 海・鉄道・川の複合的視点からフランスの港を再び活性化し、港湾インフラを近代化します。
- 学術的・軍事的主権のための、また戦略的物資供給のための造船に着手します。
- 極地大国であり続けます。フランス極地研究所ポール゠エミール・ヴィクトールの人員と予算を増やし、南極の研究ステーションを改修・近代化する計画を開始し、海洋研究に役立つ砕氷船を装備します。

---

3. 宇宙探査を再起動します

　フランスの独立と科学知識への貢献は、宇宙と結びついています。この分野は、ビジネス界に委ねられたり、大国によって軍事化されたりしてはなりません。公益がそこにかかっているのです。フランスは自国の主権を保障し、新たな国際協力に貢献しなければなりません。

▼鍵となる施策

新たな脅威に対してフランスの主権を守りながら、宇宙の軍備競争に対抗します。

・静止軌道の汚染除去のための国際計画、および低軌道占有の新たな国際ルールを提案します。
・アリアンスペース社[3]の民営化を撤回し、衛星打ち上げ産業を保護し、国立宇宙研究センターの予算を強化します。
・フランスに、宇宙からの敵対行為を無力化する手段をもたせます。
・火星に向けたさまざまな国のミッションを統合し、フランスが参加することを保証します。
・とくにロシア、米国、中国、インドと共同で、国際宇宙ステーションへの人間の常駐のためのフランスの貢献を強化します。
・宇宙資源の非占有と宇宙の非軍事化のために、新たな国際条約を提案します。
・商用および私的な宇宙旅行を禁止します。それは少数の人だけのために極端な汚染を引き起こす贅沢だからです。

・ガリレオ GPS[4] の二重互換性を義務づけることで，一般市民による利用を保証します。

---

4. デジタル革命の公益性を明確にします

　　デジタル革命は人類にとって非常に大きなチャンスです。多国籍企業は自分たちだけの利益のためにこれを独占しようとしていますが、彼らの好き勝手にさせなければ、デジタル革命は人類にとって、科学にとって、そして民主主義にとって、かつてない発展をもたらす可能があります。デジタル技術を世界的な共有財産にすることは、民主的、経済的、社会的に主要な課題です。テクノロジーは人類の進歩に貢献しなければならず、新たな不平等を生み出したり、自由を制約したりしてはならないのです。

▼鍵となる施策

インターネットへの最低限の無料アクセス権を保証します

・2025 年までにフランス全土を光ファイバー・ケーブルで覆うことを保証します。
・欧州のデータ保護規制をさらに進め、個人データのアルゴリズム処理がもたらす差別[5] に抗するために、国家情報・自由委員会

（CNIL）に実効的な管理手段を与えます。

・データおよび通信を暗号化する権利を憲法で規定します。

・自治体が保持している公共情報をオープンデータとして体系的に公開します。

・公共サービスの非物質化や行政のデジタル化と並行して、窓口業務や紙の書類を残し、デジタル技術が苦手、あるいはデジタル媒体へのアクセスが困難な 20％のフランス人（情報弱者）を支援する地域公共サービスを各地に広げます。

5. デジタル分野におけるフランスの主権を守ります

　世界的なネットワーク化は、アイデア、言葉、文章の流通を通じて、新しい形の協力関係を可能にします。それは、インターネットの公的で民主的な管理を保証する国際的枠組みの中で行われなければなりません。フランスは、他の国やグーグル、アマゾン、フェイスブック、アップル、マイクロソフト（GAFAM）などの多国籍企業に依存すべきではありません。フランスは、自らで決定を下すことができなければなりません。

▼鍵となる施策

ネットの中立性、すなわちすべての人に平等なアクセスと、平等な待遇を保証します。

・デジタル技術と通信のインフラを公的な管理の下に置きます。
・フリーウェア〔無料ソフトウェア〕のための公的機関を設立し、分野ごとに戦略的開発を計画して不足部分を特定し、重要なプロジェクトに資金を提供します。
・行政や公教育におけるフリーウェアの利用を広げます。
・すべての国民と企業が、フランスの法律にもとづく国内のサーバーでホストされている、オンラインのサービスやソフトウェアにアクセスできるようにします。
・GAFAM によるソーシャルネットワークの私的検閲を拒否します。
・フランスの公共サービスや主要企業のデータが、フランスの法律

にもとづく国内にあるサーバーでホストされていることを保証します。

- 国連に専門機関を設置することによって、世界的なインターネットガバナンスを守ります。
- 仮想世界におけるフランスの優位を強め、解放をめざしてフランスの創作を支援します。
- 国立のビデオゲームセンターを設立し、この分野の公的な職業訓練を設置します。
- AI を制御する国のミッションを創設します。
- フランスにマイクロプロセッサの工場を設立します。
- アルカテル・サブマリン・ネットワークス社〔8章訳注3参照〕の国有化を行います。
- デジタル技術が生態系に与える影響を低減します（〔機器の寿命を延ばすための〕計画的陳腐化に対する規制、ローコード[6]の奨励政策、ウェブに関する炭素指標など）。
- データセンターの発熱量と電力消費量を削減し、建築許可の対象とします。

訳注

〔1〕 デッドゾーン（zones mortes）：酸素がない海域のことで、ほとんどの海洋生物が生存することができない。アメリカのチェサピーク湾やバルト海などは、酸素濃度が非常に低く、多くの動物が窒息死する。

〔2〕 アレバ（Areva）：核燃料サイクルを運営する COGEMA（国有企業）が2001年、輸送や原発建設を含む原子力全部門に関わる世界最大企業アレバに再編成され改名（国が筆頭株主）。膨大な赤字を抱えて 2018年、燃料製造・再処理部門のみオラノと改名して国に救済される。株の9割をフランス国家、三菱重工業 MHI と日本原燃 JNFL が 5％ずつ保有。日本の原子力産業とも関連が深い。

〔3〕 アリアンスペース（Arianespace）：1980年にフランス、ドイツ、イタリア、ベルギーが設立したアリアンロケットの打上げのための企業。2015年に民営化された。

〔4〕 ガリレオ（Galiléo）：EU による全地球航法衛星システム。高度約 24000 km の上空に 30機の航法衛星を運用する、民間主体としては初の衛星航法システム。

〔5〕 個人データのアルゴリズム処理による差別：米ホワイトハウスが 2014年5月にビッグデータの活用についてまとめた報告書で、大量の個人データを処理するアルゴリズムによって、人種や宗教、ライフスタイルなどで個人を「プロファイリング」して、住宅ローンやクレジットカードの与信枠を下げたり高い保険料を求めたりする恐れや、ゲノム解析によって差別的扱いを引き起こす可能性があることが指摘された。EU ではオープンソース化による個人データ保護は基本的な個人の権利だという認識が広がっているが、日本の個人情報保護制度の議論は、個人の権利よりも企業への規制緩和が焦点になっている。

〔6〕 ローコード（low-code）：可能なかぎりソースコードを書かずに、アプリケーションを迅速に開発する手法。プログラミングに関する一定の専門知識を必要とする反面、ノーコードよりも開発の自由度が高い。

訳者あとがき

はじめに

　本書は次の全訳である。Jean-Luc Mélenchon, *L'Avenir en commun : le programme pour l'Union populaire présenté par Jean-Luc Mélenchon*, Éditions du Seuil, 2021.

　第1に本書は、フランスの政治家であるジャン゠リュック・メランションによる、2022年4月の大統領選挙の際の政権公約(マニフェスト)である。第1回投票の結果、メランションは3位（得票率22%）となり、上位2名（エマニュエル・マクロンとマリーヌ・ル・ペン）による決選投票には進めなかったが、主要3候補が得票率22〜28％の中にひしめく混戦のなかで存在感を示した。

　第2に本書は、2022年6月のフランス国民議会（下院）選挙の際に、メランションが率いる政党「服従しないフランス」の政権公約としても使われた。選挙の結果、同党は577議席中75議席（13%）を占めた。したがって本書の内容は、「服従しないフランス」の政権公約として、その後の状況の変化による部分的な変更はあるとしても、現在も有効である。

　第3に本書は、同じ国民議会選挙の際に結成された政党連合「新民衆連合　環境・社会（NUPES）」（以下「新民衆連合」と呼ぶ）の政権公約でもある——サブタイトルの「〈民衆連合〉のために」はこの

ことを示している。この政党連合は、「服従しないフランス」を中心に社会党、共産党、ヨーロッパ・エコロジー＝緑の党などによって結成された。選挙の結果、「新民衆連合」は第1回投票で最も高い得票率を得たが決選投票では第1党になれなかった（577議席中151議席）。しかし大統領与党を過半数割れ（245議席）に追い込んだ。

　一読していただければおわかりいただけるように、本書は政権公約（マニフェスト）とはいっても、たんなる政策の羅列でも、理念の列挙でもない。序文で掲げられる「反資本主義」と「環境主義（エコロジスム）」、「オルター・グローバリズム」という3つの理念が、現場の労働者や生活者たちの討論から練り上げられた個々の具体的政策と結びつけられていて、説得力がある。

1. 著者経歴

　ジャン＝リュク・メランション（Jean-Luc Mélenchon, 1951–）は、モロッコのタンジェで生まれた。スペイン系の父は公務員、スペイン・イタリア系でアルジェリア生まれの母は小学校の教員だった[1]。両親とも家族は北アフリカに住んでいたピエ・ノワール[2]。両親の離婚にともなって1962年にノルマンディー地方に、1967年にはジュラ地方に移り、同地の高校で68年5月革命の運動に参加。フランシュ＝コンテ大学（ブザンソン）で哲学と現代文学を学びつつ国際共産主義組織（OCI）に所属し、フランス全国学生連合（UNEF）

---

(1) 伝記的事実は主に次の書による。Jean-Luc Mélenchon, entretien avec Marc Endeweld, *Le choix de l'insoumission: entretien biographique*, Poche Point 2, 2007.
(2) フランスの植民地支配時代にアルジェリア、モロッコ、チュニジアに定住していたヨーロッパ系住民を指す俗称。

の大学代表などの活動を続けた。哲学・現代文学の学士号取得。学生結婚（後に離婚）し娘が生まれたこともあって、印刷所などさまざまな職場で働いた後、中等教育教員資格（CAPES）を取得し、1976年に工業高校のフランス語の教員になる。

1977年社会党に入党。1983年にはエソンヌ県マシー市の市会議員に当選、2004年まで同市でさまざまな役職を務める。1986年にはエソンヌ県から当時最年少の35歳で上院議員に当選し、2000年まで務めた（2004〜2009年に再任）。ジョスパン内閣では2000年から2002年まで職業教育大臣に就任。ミッテランの強い影響のもとジュリアン・ドレーらと党内左派を形成したが、2008年には、マルク・ドレズらと共に社会党を離党して「左翼党」を結成し、共同代表に就任。2009年の欧州議会議員選挙で同党は共産党などと「左派戦線」を結成、6.48％の得票で5議席を獲得、メランション自身も南西仏選挙区から欧州議会に当選した。2010年の年金制度改革への抵抗運動の際にメディアで取り上げられ、広く知られるようになった。

2012年のフランス大統領選に出馬し、第1回投票で約400万票を獲得したが4位に終わる。2016年2月に左翼党にエコロジストやLGBT運動を加えて「服従しないフランス」を結成。2017年の大統領選では706万票（得票率19.58％）を獲得したが、僅差でやはり4位に終わった。第2回投票では、「極右に一票も入れてはならない」と宣言。2017年フランス議会総選挙においてブーシュ＝デュ＝ローヌ県第4選挙区から立候補し得票率59.85％で当選。

2022年「服従しないフランス」は、先述のように国民議会選挙でマクロン派を過半数割れに追い込むと同時に極右国民連合の議席を奪うために、左派政党に呼びかけて党派連合「新民衆連合　環境・

社会」（Nouvelle Union Populaire Écologique et Sociale. 頭文字をとって NUPES ニュ
ペスと呼ばれることが多い）⁽³⁾ を結成した。新民衆連合が過半数の議席
を獲得した場合、メランションが首相になる予定だった。

　2022 年 5 月 19 日に新民衆連合の共同政府計画がネット上で公開
された。これは、本書を基盤にした以下の 8 章、650 項目からなる
ものだった⁽⁴⁾。1. 社会進歩・仕事・年金、2. エコロジー、生物多様
性、気候、共通財、エネルギー、3. 富の分配と租税正義、4. 公共
サービス、健康、教育、文化、スポーツ、5. 第 6 共和制と民主主義、
6. 警察・司法、7. 平等と差別とのたたかい、8. 欧州連合と国際関係。
各党はこれらの施策の 95% で合意しているが、33 項目については
意見の相違があることを認めており⁽⁵⁾、選挙で勝利した場合、討論
によって決定する予定だった。ただ、以下の重要施策については合
意が成立している。すなわち、最低賃金を月 1,500 ユーロ（24 万円）
に引き上げること、60 歳定年制を復活させること、生活必需品の
価格を凍結すること、経済計画を立てること、第 6 共和制を設立
すること、若者のための自立手当を支給することである⁽⁶⁾。

（3）« Accord entre La France insoumise et EELV pour les prochaines élections législa-
tives », La France insoumise, 02/05/2022, https://lafranceinsoumise.fr/2022/05/02/
accord-entre-la-france-insoumise-et-eelv-pour-les-prochaines-elections-legislatives-com-
munique-de-presse.

（4）« Programme de la Nupes aux législatives : les points de convergence et de désaccord
entre LFI, EELV, le PS et le PCF », Le monde, le 30 mai 2022. https://nupes-2022.fr/
le-programme/

（5）« La Nupes présente son programme : une alliance gouvernementale de gauche,
650 mesures et 33 ‹ nuances › », Le monde, le 19 mai 2022.

（6）« La France insoumise et les écologistes passent un accord pour les législatives », Le
monde, le 2 mai, 2022.

2024年5月時点で、新民衆連合の議席は、国民議会で577議席中150議席であった。2023年9月の元老院選挙やその後の欧州議会選挙においては、社会党や共産党、緑の党が「服従しないフランス」が提案した共通候補者リストを拒み、新民衆連合は事実上解消した。

　2024年6月の欧州議会選挙の結果、極右政党「国民連合」が31.5％の票を得て、2位の与党連合の14.6％を大きく上回ったため、マクロン大統領は国民議会を解散した。3週間後に第1回投票という短い期限のなか、左派政党は、極右政権成立を阻止するため、「新民衆連合」にかわって「新人民戦線（Nouveau Front populaire, NFP）」という左派連合を立ち上げた。そして、1選挙区の共通候補を1人に絞ることや、共通プログラムを4日間で交渉して合意することに成功した。プログラムには、本書『共同の未来』の核をなしている賃金引き上げ、豊かさの分配、年金改革・失業改革の廃止などの施策が盛り込まれた。

　6月30日の第1回投票で、「新人民戦線」は若い層の支持を得たが、得票率で僅差の第2位にとどまり、極右「国民連合」が第1位となった。その背景には、主要メディアや他陣営とくにマクロン陣営が、「新人民戦線」とりわけ「服従しないフランス」を「極左」（国務院は極左でないと認定）で危険だとするキャンペーンを張った影響があった。しかし、7月7日の第2回決選投票では、あらゆるメディアや世論調査の予想をくつがえして「新人民戦線」が最多の議席（182議席）を獲得した。対する極右陣営は第3位の143議席、マクロン陣営は第2位の168議席にとどまった。その要因として、第1回投票の際に選挙区内で第3位だった「新人民戦線」の候補者全員が、マクロン陣営との選挙協力のために候補を取り下げたことと、

極右を拒否する市民の声「やつらを通すな」が広がったことがあげられる。

　いずれの陣営も過半数に達していない以上、現時点（7月9日）では、どのような政府が組織され、誰が首班に指名されるのかまったく予想がつかない。また極右に票を投じる人が30〜40％いたことはたしかであり、これからも息の長いたたかいが必要だろう。しかし、極右の政権掌握を拒んだ市民のダイナミズムに、メランションと「服従しないフランス」の政策プログラムが大きく貢献したことは明らかだ。そして、とりわけ若い人々に社会変革の希望をもたらしたことも。

2.　本書の意義

　本書は、これまで日本でまとまった紹介がなかったメランションと「服従しないフランス」の思想と活動を伝えてくれる。本書を読めば、「服従しないフランス」がたんなる左派ポピュリズム政党ではないことがおわかりいただけるだろう。党名の「服従しない」が意味するのは、資本主義が必然的に生み出す環境破壊や、新自由主義にもとづく経済・社会政策が生み出す不平等、NATO の軍事主義に服従しないということなのである[7]。

　本書の掲げる個々の政策がそのまま日本に適用できるわけではないのは確かだ。日本とフランスが歴史的にも地政学的にも異なる背景をもっている以上、当然であろう。われわれが学ぶことができる

（7）メランションには本書を含めて 23 冊の著書がある。オランドをはじめとする社会党の新自由主義路線を批判し、市民革命の理論を述べた次の書が重要。Jean-Luc Mélenchon, *l'Ère du peuple*, Fayard, 2014.

ことの1つは、明確な理念と、民主的な討論にもとづく具体的政策の練り上げという活動スタイルであろう。「共同の未来」の数々の政策は、広範な支持組織による議論の積み重ねによって作り上げられた。「服従しないフランス」は、ニュイ・ドゥブ[(8)]運動、「黄色いベスト」運動、年金問題など、つねにたたかいのなかで議論を重ねてきた。その基盤があってはじめて選挙をたたかうことができたのである。また「服従しないフランス」には20代、30代の若手議員が多く、たとえばパリ郊外の恵まれない地区で、若者たちの文化・スポーツを通した市民活動に携わっていたアフリカ移民出身の男性や、農業に携わる女性、工場労働や市民活動出身者たちが、活発な活動を行っている。さらに、国内・海外の知識人・研究者との対話を行うラ・ボエシー協会(「日本の読者へのメッセージ」参照)の活動も精力的である。理論と実践の双方から生まれた、旧来の政治党派とは異なる政党−運動体の軸をなすプログラムが「共同の未来」だと言えるだろう。

　残念ながら日本では、フランスのような産別労働組合を軸とする全国的な労働運動や民衆運動の基盤がフランスに比べて弱いと言わざるをえない。またフランスと違って日本では、1968年5月を頂点とする運動の高まりを次の世代へとつなぐ連結器が働かなかった。しかし、いまや日本はどの資本主義諸国よりも矛盾が蓄積していることは明らかだ。主要先進国の中で日本だけ賃金が下がり続け、福祉政策は切り縮められ、年金は減り続けている。また男女の賃金格

---

(8) ニュイ・ドゥブ(Nuit debout)運動:労働法反対デモに続いて2016年3月31日に始まった、フランスの広場での討論の運動。

差は最も大きく、女性労働者の大部分は非正規雇用であり、母子家庭の貧困率は深刻である。そして多くの若者が低賃金と非正規雇用の状態におかれている。こうした苦しみや怒りを国政につなぐ回路が必要であることは間違いない。そして、「日本の読者へのメッセージ」が指摘するように、ヒロシマ・ナガサキとフクシマの記憶をもつ日本が反原発運動に果たす役割は大きい。またガザのジェノサイドをはじめ世界を覆う「戦雲」の広がりに歯止めをかけるために、日本国内でも軍事予算の拡大や武器輸出の阻止などなすべきことは多い。本書が、そのための手がかりをひとつでも提供できるとすれば、これにまさる喜びはない。

＊

　本文の訳はピノーと堀が第一稿を作成、松葉が大幅に見直し、飛幡が筆を加えた。序文の訳と訳注は松葉が作成し、共訳者の意見を求めた。いずれも最終的な訳語の選択は松葉が行った。専門の異なる訳者たちが短期間で訳文をまとめることができたのも、本書を貫く普遍的理念の力であろう。ただ、内容が多岐にわたることから、思い違いがあると思う。ご叱正をたまわりたい。

　ジャン゠クリストフ・エラリー氏の呼びかけがなければこの翻訳が実現することはなかった。その後も「服従しないフランス」本部との連絡など数多くの役割を果たしていただいた。感謝したい。

　また、永井美由紀さん、篠原範子さん、ジャン゠フランソワ・ドゥリュシェさんにもたいへんお世話になった。

　法政大学出版局の前田晃一さんにお世話になった。お礼を申し上げたい。

最後に、訳者たちの呼びかけに応じて、美しいテクスト「日本の読者へのメッセージ」を寄せてくださったメランション氏に心からお礼を申しあげたい。

訳者を代表して　松葉祥一

著者

ジャン゠リュック・メランション（Jean-Luc Mélenchon）

1951年モロッコのタンジェに生まれる。両親の離婚にともなって1962年にノルマンディー地方に、1967年にはジュラ地方に移り、同地の高校で68年5月革命の運動に参加。フランシュ゠コンテ大学（ブザンソン）で哲学と現代文学を学びつつ国際共産主義組織（OCI）に所属し、フランス全国学生連合（UNEF）の大学代表などの活動を続けた。哲学・現代文学の学士号取得。さまざまな職場で働いた後、中等教育教員資格（CAPES）を取得し、1976年に工業高校のフランス語の教員になる。

1977年社会党に入党。1983年にはエソンヌ県マシー市の市会議員に当選、2004年まで同市でさまざまな役職を務める。1986年にはエソンヌ県から当時最年少の35歳で上院議員に当選し、2000年まで務めた（2004〜2009年に再任）。ジョスパン内閣では2000年から2002年まで職業教育大臣に就任。2008年に「左翼党」を結成し共同代表に就任。2009年の欧州議会議員選挙で「左派戦線」を結成し、自身も南西仏選挙区から欧州議会に当選した。2010年の年金制度改革への抵抗運動の際にメディアで取り上げられ広く知られるようになった。

2012年に大統領選に出馬し4位となる。2016年にエコロジストやLGBT運動などを加えて「服従しないフランス」を結成。2017年の大統領選も4位。その第2回投票の際に「極右に一票も入れてはならない」と宣言。2017〜2022年、ブッシュ゠デュ゠ローヌ県マルセイユの国民議会議員、および院内会派「服従しないフランス」の会長を務める。

2022年の大統領戦の第1回投票では僅差で3位。本書はその大統領選での政権公約（マニフェスト）である。大統領選後の総選挙に向けて党派連合「新民衆連合　環境・社会」を結成。2024年の国民議会選挙では、党派連合「新人民戦線」を結成して議会内最大勢力となり、極右の政権掌握を阻止する市民のダイナミズムに大きく貢献した。2024年現在、「服従しないフランス」のシンクタンク「ラ・ボエシー協会」の共同会長を務め、本書を含め23の著書がある。

訳者

松葉祥一（まつば・しょういち）　**監訳者**

1955 年生まれ。同志社大学文学研究科哲学・倫理学専攻博士課程満期退学。パリ第 8 大学博士課程満期退学。前神戸市看護大学教授。現在同志社大学非常勤講師。

主な業績：著書、編著書に、『哲学的なものと政治的なもの』（青土社、2010 年）、『メルロ＝ポンティ読本』（編著、法政大学出版、2018 年）ほか。訳書に、メルロ＝ポンティ『自然』（共訳、みすず書房、2020 年）、同『コレージュ・ド・フランス講義草稿』（共訳、みすず書房、2019 年）、ジャック・ランシエール『民主主義への憎悪』（インスクリプト、2008 年）、同『哲学者とその貧者たち』（共訳、航思社、2019 年）、バリバール『市民権の哲学』（青土社、2000 年）、同『ヨーロッパ市民とは誰か──境界・国家・民衆』（共訳、平凡社、2008 年）、ジャコブ・ロゴザンスキー『政治的身体とその〈残りもの〉』（共訳、法政大学出版局、2022 年）ほか。

飛幡祐規（たかはた・ゆうき）

1956 年東京生まれ。1974 年渡仏、パリ第 5 大学で文化人類学、パリ第 3 大学でタイ語・東南アジア文明を専攻。パリ在住 50 年。文筆家、翻訳家。

主な業績：著書に、『ふだん着のパリ案内』（晶文社、1991 年）、『素顔のフランス通信』（晶文社、1994 年）、『「とってもジュテーム」にご用心！──ふだん着のフランス語』（晶文社、1998 年）、『それでも住みたいフランス』（新潮文庫、2014 年）、『時間という贈りもの──フランスの子育て』（新潮社、2014 年）ほか。訳書に、シャンタル・トマ『王妃に別れをつげて』（白水社、2004 年）、ファトゥ・ディオム『大西洋の海草のように』（河出書房新社、2005 年）、『エレーヌ・ベールの日記』（岩波書店、2009 年）、ヤニック・エネル『ユダヤ人大虐殺の証人ヤン・カルスキ』（河出書房新社、2011 年）、フランソワ・リュファン『裏切りの大統領マクロンへ』（新潮社、2020 年）ほか。

ジャック゠マリ・ピノー (Jacques-Marie Pineau)

1961年フランス、ツール生まれ。1986年以来日本在住。1987、1994年度チェス全日本チャンピオン。1988年、1992年チェスオリンピック日本代表。1995〜2002年将棋連盟国際将棋部チェス講師。日仏学院チェス＆将棋クラブ会長、毎日新聞カルチャーセンターチェス講師、将棋を世界に広める会理事、暁星小学校フランス語講師などを務めた。

主な業績：著書に、『ジャック・ピノーのダイナミックチェス入門』（山海堂、1995年）、『チェスの花火──ピノーさんのチェス教室』（紀伊國屋書店、2005年）、『クレイジー・チェス』（河出書房新社、1999年）ほか。

堀晋也（ほり・しんや）

1978年生まれ。京都大学大学院人間・環境学研究科共生人間学専攻博士後期課程修了。北海道大学大学院メディア・コミュニケーション研究院助教。

主な業績：ナタリー・オジェ「多言語環境における学習に対するCEFRの影響」堀晋也訳、西山教行・大木充編『CEFRの理念と現実　現実編　教育現場へのインパクト』（くろしお出版、2021年）、フランシス・カルトン「異文化間教育とは何か」堀晋也訳、西山教行・細川英雄・大木充編『異文化間教育とは何か──グローバル人材育成のために』（くろしお出版、2015年）、ほか。

サピエンティア　75

共同の未来
〈民衆連合〉のためのプログラム

2024 年 7 月 30 日　初版第 1 刷発行

著　　者　ジャン=リュック・メランション
監訳者　松葉祥一
訳　　者　飛幡祐規／ジャック=マリ・ピノー／堀晋也
発行所　一般財団法人　法政大学出版局
〒102-0071 東京都千代田区富士見 2-17-1
電話 03(5214)5540 ／振替 00160-6-95814
組版　HUP ／印刷　みなと企画／製本　積信堂
装幀　奥定泰之

ISBN 978-4-588-60375-4　　Printed in Japan